Autentyczna japońska książka kucharska z przepisami

Odkryj smaki Japonii dzięki 100 tradycyjnym potrawom

Róża Urbańska

© COPYRIGHT 2024 WSZELKIE PRAWA ZASTRZEŻONE

Niniejszy dokument ma na celu dostarczenie dokładnych i wiarygodnych informacji dotyczących omawianego tematu i zagadnienia. Publikacja jest sprzedawana z myślą, że wydawca nie jest zobowiązany do świadczenia usług księgowych, oficjalnie dozwolonych lub w inny sposób kwalifikowanych. Jeśli konieczna jest porada prawna lub zawodowa, należy zamówić osobę doświadczoną w zawodzie.

W żadnym wypadku nie jest legalne powielanie, duplikowanie ani przesyłanie jakiejkolwiek części tego dokumentu w formie elektronicznej lub drukowanej. Nagrywanie tej publikacji jest surowo zabronione, a jakiekolwiek przechowywanie tego dokumentu jest niedozwolone bez pisemnej zgody wydawcy. Wszelkie prawa zastrzeżone.

Ostrzeżenie Zastrzeżenie, informacje zawarte w tej książce są prawdziwe i kompletne według naszej najlepszej wiedzy. Wszystkie zalecenia są udzielane bez gwarancji ze strony autora lub wydawcy historii. Autor i wydawca zrzekają się odpowiedzialności w związku z wykorzystaniem tych informacji

Spis treści

WSTĘP..8

PRZEPISY JAPOŃSKIE..9

1. Tempura z bakłażana z sosem orzechowym...............9
2. Ziemniaki w sosie miso z zielonymi szparagami........12
3. Dashi z chrupiącymi warzywami.............................15
4. Makaron soba ze smażonymi grzybami....................18
5. Bulion Dashi..20
6. Jedwabiste tofu z kolorowymi marchewkami............22
7. Anko (pasta z czerwonej fasoli)..............................24
8. Zupa ramen z chrzanem..26
9. Marynowany imbir..30
10. Makaron ramen ze smażonymi warzywami.............32
11. Miska sushi ze szparagami i łososiem kolendrowym....34
12. Makaron kurkowy z makaronem konjac..................37
13. Zupa miso z tofu i makaronem soba......................40
14. Gyoza...43
15. Sałatka szparagowa z tataki wołowym...................47
16. Lody matcha..51
17. Latte z matchą...54
18. Chleb ramen..56
19. Ramen z kurczakiem i dynią.................................60
20. Ramen z grzybami, tofu i kimchi...........................63
21. Ramen z boczkiem wieprzowym i jajkiem...............65

22. Radicchio Fittata z surimi..................................68

23. Łosoś z grilla z sosem teriyaki..........................70

24. Glazurowane filety z piersi kurczaka..............72

25. Makaron soba z tofu sezamowym.....................74

26. Roladki kalifornijskie z krewetkami...............77

27. Sushi pieczone...80

28. Maki sushi z tuńczykiem i ogórkiem...............83

29. Pstrąg z kawiorem keta na grzybach enoki....85

30. Sola na cytrynie z żółtkiem..............................87

DANIE GŁÓWNE..89

31. Łosoś alpejski w marynacie japońskiej...........89

32. Łosoś alpejski w marynacie japońskiej...........91

33. Yaki Udon z piersią kurczaka............................93

34. Gotowana wieprzowina.....................................95

35. Bułki z wołowiną i cebulą..................................97

36. Yaki-Tori (grillowane szaszłyki z kurczaka).....99

37. Tempura warzywna z musem wasabi............101

38. Sashimi..103

39. Maki z tuńczykiem...105

40. Tempura warzywna..107

41. Krewetka w cieście tempura............................110

42. Patelnia z kurczakiem i ryżem chili................112

43. Pierożki...114

44. Odmiany sushi i maki.......................................117

45. Glazurowany kurczak z sezamem...........121

46. Japońska pieczona wieprzowina...........123

47. Okonomyaki...........125

48. Maki...........126

49. Roladki wołowe z młodymi marchewkami...........128

50. Azjatycki makaron z wołowiną...........130

PRZEPISY WARZYWNE...........132

51. Mały talerz sashimi...........132

52. Kawior Keta na puree daikon...........134

53. Sałatka Koknozu z ciecierzycą...........136

54. Tempura warzywna...........138

55. Maki warzywne...........141

56. Onigiri z czerwoną kapustą i wędzonym tofu...........143

57. Yaki-Tori (grillowane szaszłyki z kurczaka)...........145

58. Odmiany sushi i maki...........147

59. Maki z tuńczykiem, awokado i shiitake...........151

60. Maki z łososiem, ogórkiem i awokado...........154

61. Maki z krewetkami, ogórkiem i shiitake...........156

62. Chipsy z cukinii i parmezanu...........158

63. Pajęczyny japońskie...........160

64. Maki sushi z tuńczykiem i ogórkiem...........162

65. Ura Makis z awokado...........164

66. zupa słodko-kwaśna...........166

67. Warzywa z woka z mięsem...........168

68. Tuńczyk z kiełkami chili..170
69. Tempura z łososia i warzyw...172
70. Japońska sałatka z makaronem....................................174

PRZEPISY NA ZUPY...176
71. Zupa miso z grzybami shiitake.....................................176
72. Wegańska zupa miso..178
73. Zupa ramen z chrzanem...180
74. Zupa miso z tofu i makaronem soba...........................184
75. Zupa japońska...187
76. Japońska zupa grzybowa z makaronem.......................189
77. Japońska sałatka z makaronem....................................191
78. zupa słodko-kwaśna...193
79. Japońska zupa warzywna...195
80. Japońska zupa z wodorostami......................................197

PRZEPISY MIĘSNE...199
81. Bułki z wołowiną i cebulą..199
82. Glazurowany kurczak z sezamem................................201
83. Japońska pieczona wieprzowina..................................203
84. Roladki wołowe z młodymi marchewkami..................205
85. Azjatycki makaron z wołowiną....................................207
86. Warzywa z woka z mięsem..209
87. Japońska wieprzowina BBQ..211
88. Żeberka japońskie..213
89. Makaron soba z kurczakiem..215

90. Makaron z wołowiną i warzywami..................217

DRÓB..................220

91. Yaki Udon z piersią kurczaka..................220

92. Patelnia z kurczakiem i ryżem chili..................222

93. Kurczak w pikantnej paniercie maślankowej..................224

94. Udka z kurczaka z pomidorami..................226

95. Filet z kurczaka w aromatycznym sosie..................228

96. Makaron soba z kurczakiem..................231

97. Makaron soba..................233

98. Smażona pierś z kaczki..................235

99. Sałatka z piersią kurczaka i zielonymi szparagami..................238

100. Yakitori..................241

WNIOSEK..................243

WSTĘP

Kuchnia japońska jest jedną z najstarszych kuchni świata, z różnorodną i bogatą historią kulinarną. Japońskie przepisy różnią się w zależności od regionu, ale można w nich znaleźć wiele zbóż, produktów sojowych, owoców morza, jaj, warzyw, owoców, nasion i orzechów. Ze względu na obfitość owoców morza i wpływ buddyzmu na społeczeństwo, kurczak, wołowina, jagnięcina i wieprzowina są używane oszczędnie. Kuchnia japońska jest również niezwykle odżywcza, zdrowa i bogata w energię. Niezależnie od tego, czy szukasz dań gotowanych na parze, duszonych, grillowanych, smażonych na głębokim tłuszczu czy octowanych, znajdziesz szeroki wybór opcji.

PRZEPISY JAPOŃSKIE

1. Tempura z bakłażana z sosem orzechowym

składniki

Sos

- 2 czerwone papryczki chili (małe)
- 10 łyżek oleju arachidowego
- 6 łyżek tahini
- 2 łyżki jasnego sosu sojowego
- 2 łyżki octu winnego czerwonego

Bakłażan i ciasto

- 8 bakłażanów (małe, jędrne, biało-fioletowe bakłażany, ok. 80 g każdy)
- 400 gram mąki
- 4 łyżki oleju roślinnego
- 2 łyżki proszku do pieczenia z tatarem
- 600 mililitrów wody gazowanej (lodowatej)
- Olej roślinny (do głębokiego smażenia)

Dekoracja

- 2 cebulki dymki
- 2 łyżeczki nasion sezamu (białych)

przygotowanie

Do sosu

1. Oczyść i umyj papryczki chilli, przekrój je wzdłuż na pół i usuń pestki. Pokrój papryczki chilli na kawałki, zetrzyj drobno z olejem arachidowym w moździerzu. Wymieszaj olej chilli, tahini, sos sojowy i ocet.

DO bakłażana i ciasta

2. Bakłażany umyj, opłucz, osusz i pokrój wzdłuż na ćwiartki. Wymieszaj mąkę, olej, proszek do pieczenia i wodę mineralną

trzepaczką, aby uzyskać gładkie ciasto tempura.
3. Rozgrzej olej do głębokiego smażenia w dużym rondlu do ok. 160-180 stopni. Najlepiej jest przeciągnąć kawałki bakłażana przez ciasto tempura pęsetą lub widelcem (pralinowym) i ostrożnie wlać je do gorącego oleju. Piecz porcjami na średnim ogniu przez ok. 4 minuty, aż będą złocistobrązowe i chrupiące. Wyjmij z oleju łyżką cedzakową i odcedź na chwilę na papierze kuchennym.

Do dekoracji

1. Oczyść, umyj, przekrój na pół i pokrój cebulę dymkę w bardzo cienkie paski. Umieść w zimnej wodzie, aż będzie gotowa do podania.
2. Rozłóż tempurę z bakłażana z odrobiną sosu na talerzach, posyp kilkoma paskami cebulki dymki i sezamem. Podawaj natychmiast.

2. Ziemniaki w sosie miso z zielonymi szparagami

składniki

- 500 gram ziemniaków (trójka)
- 400 mililitrów dashi
- 100 gramów suchego shiitake
- 4 łyżki miso (jasnej pasty)
- 500 gramów mrożonego edamame
- 10 zielonych łodyg szparagów
- 2 pęczki rzodkiewki
- Sól
- 2 łyżki octu ryżowego
- czarny sezam

przygotowanie

1. Obierz, umyj i przekrój ziemniaki na pół. Podgrzej dashi i shiitake, odstaw na 10 minut. Wyjmij shiitake z bulionu łyżką cedzakową, nie używaj jej więcej. Dodaj ziemniaki do bulionu i gotuj na wolnym ogniu przez około 10 minut. Dodaj miso, wymieszaj i gotuj przez kolejne 10 minut.
2. W międzyczasie obierz edamame ze strąków. Umyj szparagi, obierz dolną trzecią część i odetnij zdrewniałe końcówki. Pokrój łodygi szparagów na 4 równe części. Umyj rzodkiewki, usuń młode liście, umyj rzodkiewki i pokrój je na pół lub ćwiartki, w zależności od ich wielkości. Dokładnie opłucz liście rzodkiewki pod zimną wodą i odstaw.
3. Włóż warzywa oprócz rzodkiewek do parowaru. Wlej około 1 cm wody do odpowiedniego rondla i doprowadź do wrzenia. Ostrożnie umieść wkładkę parowaru w garnku i gotuj warzywa na parze z zamkniętą pokrywką przez około 6 minut, aż będą al dente.

4. Wyjmij gotowane na parze warzywa z garnka, przełóż do miski, wymieszaj z rzodkiewkami, solą i octem ryżowym i dopraw do smaku. Podawaj gotowane ziemniaki miso z gotowanymi na parze warzywami i liśćmi rzodkiewki. Posyp odrobiną czarnego sezamu i podawaj.

3. Dashi z chrupiącymi warzywami

składniki

Warzywa

- 1 marchewka
- 6 łodyg brokułów (dziki brokuł, ok. 150 g; lub „Bimi", brokuł z długą łodygą)
- 2 łodygi selera
- 100 gramów boczniaków królewskich (pokrojonych w cienkie paski lub brązowych pieczarek)
- 1 szczypiorek
- 100 gramów groszku cukrowego

- 20 gramów imbiru
- 150 gramów korzenia lotosu (dostępnego w postaci mrożonych plastrów w sklepie azjatyckim)

Bulion

- 1 litr dashi
- 100 mililitrów sake
- 50 mililitrów Mirin (słodkiego japońskiego wina ryżowego)
- 2 łyżki jasnego sosu sojowego
- 4 łyżki oleju imbirowego
- 4 łodygi kolendry (do posypania)

przygotowanie

Do warzyw

1. Marchewkę obrać i pokroić w cienkie paski. Brokuły umyć, skrócić nieco łodygi. Seler oczyścić, usunąć nitki, jeśli to konieczne, umyć i pokroić w cienkie plasterki bardzo po przekątnej. W razie potrzeby odciąć grzyby bukowe od podłoża.
2. Oczyść i umyj cebulę dymkę, również pokrój ją po skosie w krążki. Oczyść i umyj groszek cukrowy, przekrój bardzo duże strąki na pół

pod kątem. Obierz imbir i pokrój go w bardzo cienkie paski.

Do bulionu

1. Doprowadź bulion dashi do wrzenia i dopraw sake, mirin, sosem sojowym i olejem imbirowym. Gotuj przygotowane warzywa i mrożone plasterki korzenia lotosu na małym ogniu przez około 8 minut, aż będą chrupiące.
2. Opłucz i osusz kolendrę, a następnie oberwij liście. Ułóż dashi i warzywa w miskach, posyp liśćmi kolendry i podawaj.

4. Makaron soba ze smażonymi grzybami

składniki

- 200 gramów grzybów shiitake (małych, świeżych)
- 1 czerwona papryczka chili
- 1 łyżka jasnego sosu sojowego
- 4 łyżeczki syropu ryżowego
- 6 łyżek oleju sezamowego (prażonego)
- 200 gram różowych pieczarek
- 100 gramów grzybów enoki (odmiana o długiej łodydze; w dobrze zaopatrzonych supermarketach lub na targu)
- 400 gramów soba (japoński makaron gryczany)
- 1 litr dashi
- 4 łodygi kolendry (lub tajskiej bazylii)

przygotowanie

1. Oczyść shiitake i odetnij suche końcówki łodyg. Oczyść papryczkę chilli, opłucz i pokrój w cienkie krążki (pracuj w rękawicach kuchennych). Wymieszaj sos sojowy, syrop ryżowy, chilli i olej sezamowy, a następnie wymieszaj z grzybami shiitake. Pozostaw do zaparzenia na około 30 minut.
2. W międzyczasie oczyść grzyby i pokrój je w cienkie plasterki. Odetnij grzyby enoki od łodygi. Przygotuj makaron soba zgodnie z instrukcją na opakowaniu.
3. Włóż grzyby shiitake na patelnię i smaż je przez około 2 minuty. Podgrzej bulion dashi.
4. Włóż gotowe kluski, smażone shiitake, surowe grzyby i grzyby enoki do misek i zalej je gorącym bulionem dashi. Opłucz kolendrę, osusz i połóż na wierzchu makaronu. Podawaj natychmiast.

5. Bulion Dashi

składniki

- 4 paski liści alg (algi kombu, suszone wodorosty; każdy o wymiarach ok. 2 x 10 cm; np. w sklepie ekologicznym lub azjatyckim)
- 6 suszonych grzybów shiitake (około 15 g)

przygotowanie

1. Włóż glony kombu i grzyby shiitake do rondla z 1 litrem zimnej wody. Podgrzej wodę powoli do około 60 stopni (pomoc termometrem). Zdejmij garnek z palnika. Pozostaw bulion pod przykryciem na 30 minut.

2. Przecedź wywar przez drobne sito i użyj go do innych przepisów lub trzymaj go szczelnie zamknięty w słoiku z zakrętką w lodówce. Wywar dashi wytrzymuje tam 3-4 dni.

6. Jedwabiste tofu z kolorowymi marchewkami

składniki

- 1 łyżeczka czarnego sezamu
- 2 pomarańcze ekologiczne
- 4 łyżeczki jasnego sosu sojowego
- 2 łyżeczki soku z cytryny
- 2 łyżeczki olejku imbirowego
- 5 łyżek dżemu pomarańczowego
- 800 gramów ekologicznej marchwi (żółtej, czerwono-fioletowej)
- sól
- łyżka oleju sezamowego (prażonego)
- 800 gramów jedwabistego tofu

- 4 łodygi tajskiej bazylii

przygotowanie

1. Podsmaż czarny sezam na patelni bez tłuszczu, a następnie wyjmij. Opłucz pomarańcze gorącą wodą, osusz i drobno zetrzyj skórkę. Przekrój pomarańczę na pół i wyciśnij sok. Wymieszaj skórkę pomarańczową i sok, sos sojowy, sok z cytryny, olej imbirowy i dżem pomarańczowy i dopraw do smaku.
2. Marchewki oczyścić, obrać i pokroić w cienkie, równe słupki. Zagotować wodę w rondlu, gotować w niej słupki marchewki przez około 2 minuty, aby były nadal chrupiące, następnie odcedzić i krótko wlać do lodowatej wody. Odcedzić słupki, lekko posolić i wymieszać z olejem sezamowym.
3. Pokrój tofu na kawałki 3 x 4 cm, ułóż i skrop pomarańczowym dressingiem. Połóż paski marchewki obok tofu i posyp nasionami sezamu. Opłucz tajską bazylię, osusz, obierz liście i posyp nimi marchewki.

7. Anko (pasta z czerwonej fasoli)

składniki

- 250 gramów fasoli adzuki
- 200 gramów cukru
- woda

przygotowanie

1. Fasolę adzuki zalej wodą w misce i pozostaw do namoczenia na noc.
2. Następnego dnia odcedź wodę i włóż fasolę do rondla. Zalej wodą i doprowadź do wrzenia.

3. Następnie odcedź wodę, zalej fasolę świeżą wodą i gotuj przez około 60 minut, aż zmięknie. Dekantacja sprawia, że anko nie będzie miało później gorzkiego smaku.
4. Odcedź wodę z gotowania i zbierz jej część. Wymieszaj cukier z fasolą adzuki, aby się rozpuścił. Na koniec zmiksuj strączki na pastę. Jeśli konsystencja jest zbyt gęsta, dodaj odrobinę wody z gotowania.

8. Zupa ramen z chrzanem

składniki

- ½ łodygi Allium (poru)
- 1 cebula
- 2 ząbki czosnku
- 80 gramów imbiru (świeżego)
- 2 łyżki oleju
- 1 golonka wieprzowa
- 1 kilogram skrzydełek z kurczaka
- sól
- 2 sztuki (algi kombu; algi suszone; sklep azjatycki)
- 30 gramów suszonego shiitake
- 1 pęczek cebulki dymki

- 2 łyżki nasion sezamu (jasnych)
- 1 arkusz nori
- 6 jajek
- 300 gramów makaronu ramen
- 50 gramów miso (jasnego)
- 2 łyżki Mirinu (japońskiego białego wina)
- 65 gramów chrzanu
- Olej sezamowy (prażony)

przygotowanie

1. Oczyść i umyj pora, pokrój na duże kawałki. Obierz cebulę i czosnek, pokrój cebulę na ćwiartki. Umyj 60 g imbiru i pokrój w plasterki. Rozgrzej olej na patelni. Podsmaż w nim pora, cebulę, czosnek i imbir na wysokim ogniu, aż będą jasnobrązowe.
2. Usmażone warzywa z opłukaną golonką wieprzową i skrzydełkami kurczaka włóż do dużego rondla i zalej 3,5 litra wody. Doprowadź wszystko powoli do wrzenia i gotuj na małym ogniu bez przykrycia przez około 3 godziny. Zbierz pianę. Po 2 godzinach dopraw bulion solą.
3. Przelej bulion przez drobne sitko do innego rondla (pojemność ok. 2,5-3 l). Odtłuść bulion. Wytrzyj glony kombu wilgotną

ściereczką. Dodaj grzyby shiitake i glony kombu do gorącego bulionu i odstaw na 30 minut.
4. Oddziel golonkę od skóry, tłuszczu i kości i pokrój na kawałki wielkości kęsa. Nie używaj skrzydełek kurczaka do zupy (patrz wskazówka).
5. Obierz resztę imbiru i pokrój w cienkie paski. Oczyść i umyj szczypiorek, pokrój w cienkie krążki i włóż do zimnej wody. Podpraż nasiona sezamu na suchej patelni, aż będą jasnobrązowe. Pokrój wodorosty nori na ćwiartki, krótko podpraż na suchej patelni i pokrój w bardzo cienkie paski. Wybierz jajka, gotuj we wrzącej wodzie przez 6 minut, opłucz zimną wodą, ostrożnie obierz. Makaron gotuj we wrzącej wodzie przez 3 minuty, przełóż na sito, krótko opłucz zimną wodą, a następnie odcedź.
6. Wyjmij grzyby i algi combi z bulionu. Usuń nóżki grzybów, drobno posiekaj kapelusze grzybów, nie używaj już algi combi. Podgrzej bulion (nie gotuj). Wymieszaj z pastą miso i mirin, dodaj posiekane grzyby shiitake. Odcedź cebulę dymkę w durszlaku. Obierz chrzan.

7. Rozdziel bulion do misek. Dodaj golonkę wieprzową, makaron, przekrojone na pół jajka, nasiona sezamu, imbir, szczypiorek i wodorosty nori. Podawaj z dużą ilością świeżo startego chrzanu i oleju sezamowego.

9. Marynowany imbir

składniki

- 200 gramów imbiru
- 2 łyżeczki soli
- 120 mililitrów octu ryżowego
- 2 łyżeczki cukru

przygotowanie

1. Najpierw umyj i obierz bulwę imbiru. Następnie pokrój ją na bardzo cienkie plasterki.

2. Wymieszaj plasterki imbiru z solą w misce i odstaw na około godzinę. Następnie osusz imbir papierem kuchennym.
3. Doprowadź ocet ryżowy i cukier do wrzenia na średnim ogniu, aby cukier się rozpuścił. Następnie dodaj plasterki imbiru i dobrze wymieszaj.
4. Wlej imbir z gorącym wywarem do sterylnego kieliszka i szczelnie zamknij. Marynowany imbir powinien moczyć się przez około tydzień, zanim będzie można go użyć.

10. Makaron ramen ze smażonymi warzywami

składniki

- 200 gramów marchwi
- 200 gramów kalafiora
- 200 gram cukinii
- 2 łyżki oliwy z oliwek
- sól
- 2 łyżki nasion słonecznika
- 10 łodyg szczypiorku
- 180 gramów makaronu ramen (bez jajka)
- 1 szklanka (dressingu „Viva Aviv" do warzyw marki Spice Nerds i BRIGITTE; 165 ml)
- Pieprz (można świeżo zmielony)

przygotowanie

1. Rozgrzej piekarnik do 220 stopni, termoobieg 200 stopni, poziom gazu 5.
2. Marchew, kalafior i cukinię oczyścić i umyć, pokroić na kawałki o długości 2-3 cm. Wymieszać z oliwą z oliwek i ½ łyżeczki soli i położyć na blasze wyłożonej papierem do pieczenia. Piec w gorącym piekarniku przez około 18-20 minut.
3. Podpraż nasiona słonecznika na patelni bez tłuszczu. Wyjmij. Umyj i osusz szczypiorek, pokrój w rulony. Ugotuj makaron zgodnie z instrukcją na opakowaniu. Podgrzej dressing warzywny.
4. Odcedź makaron i połóż na talerzu z pieczonymi warzywami. Polej dressingiem, posyp szczypiorkiem i nasionami słonecznika. Dopraw solą i pieprzem, jeśli to konieczne.

11. Miska sushi ze szparagami i łososiem

kolendrowym

składniki

- 200 gramów ryżu basmati (lub ryżu aromatycznego)
- sól

sos

- 2 łyżki stołowe (sok z yuzu, sok z cytryny japońskiej, patrz informacje o produkcie, alternatywnie sok z cytryny)
- 3 łyżki sosu sojowego
- 1 łyżeczka oleju sezamowego (prażonego)
- 1 łyżka sosu rybnego

- 3 łyżki ketjapu manis
- ½ pęczka szczypiorku
- 90 gramów grzybów shiitake (małych)
- 100 gramów rzodkiewki (małej)
- 500 gram zielonych szparagów
- ½ łyżeczki nasion kolendry
- 3 kawałki filetów z łososia (po 100 g każdy, gotowe do gotowania bez skóry i ości)
- Pieprz (świeżo mielony)
- 2 łyżki oleju
- 6 (Kwiaty szczypiorku)

przygotowanie

1. Ugotuj ryż w lekko osolonej wodzie zgodnie z instrukcją na opakowaniu lub w urządzeniu do gotowania ryżu. Ugotowany ryż utrzymuj w cieple.

Do sosu

2. Wymieszaj sok z yuzu, sos sojowy, olej sezamowy, sos rybny i ketjap manis.
3. Opłucz i osusz szczypiorek, pokrój w rulony. Oczyść pieczarki, przytnij łodygi na krótko, większe pieczarki pokrój na pół. Oczyść i opłucz rzodkiewki, pokrój większe rzodkiewki w plasterki.

4. Szparagi opłucz, obierz dolną trzecią część, odetnij końcówki. Szparagi krótko gotuj w osolonej wodzie przez 3-4 minuty. Odcedź, przekrój grube patyki na pół wzdłuż.
5. Rozgnieć kolendrę w moździerzu. Dopraw kawałki łososia solą, pieprzem i kolendrą. Rozgrzej 1 łyżkę oleju na powlekanej patelni. Smaż łososia na dużym ogniu przez 2-3 minuty z każdej strony. W ostatnich 2 minutach dodaj 1 łyżkę oleju, dodaj pieczarki i smaż. Dodaj 2 łyżki sosu i krótko wymieszaj wszystko.
6. Ułóż ryż, szparagi, rzodkiewki, grzyby i łososia w miskach. Posyp szczypiorkiem i kilkoma porwanymi kwiatami szczypiorku. Skrop resztą sosu i podawaj.

12. Makaron kurkowy z makaronem konjac

składniki

- 250 gramów kurek
- 300 gramów radicchio
- 150 gramów kopru włoskiego (młodego kopru włoskiego)
- 30 gramów orzeszków piniowych
- 1 szalotka
- 3 tymianek
- 50 gramów boczku
- Pieprz (świeżo mielony)
- 200 makaronów (makaron konjak, patrz informacje o produkcie)
- 2 łyżki jasnego sosu sojowego
- 1 łyżka octu ryżowego

- 100 gramów burraty (lub mozzarelli)

przygotowanie

1. Oczyść kurki. Oczyść radicchio, umyj liście, odwiruj i pokrój w paski. Oczyść i umyj koper włoski, pokrój w bardzo cienkie plasterki lub pokrój w plasterki i dopraw solą. Odłóż liście kopru włoskiego na bok.
2. Podpraż orzeszki piniowe na patelni bez tłuszczu, aż będą złocistobrązowe. Pokrój szalotki w kostkę i drobno posiekaj. Umyj tymianek, osusz i usuń liście z łodyg.
3. Powoli smaż boczek na patelni bez tłuszczu na średnim ogniu. Wyjmij plastry boczku z patelni, odsącz na papierze kuchennym i trzymaj w cieple.
4. Podsmaż kostki szalotki na gorącym tłuszczu z boczku, dodaj kurki i tymianek i podsmaż je na gorąco. Dopraw solą i pieprzem.
5. Włóż makaron do durszlaka, dokładnie opłucz zimną wodą i przygotuj zgodnie z instrukcją na opakowaniu. Wymieszaj odsączony makaron i paski radicchio z sosem sojowym i octem, włóż do grzybów i podawaj z burratą i plasterkami boczku. Posyp orzeszkami piniowymi, świeżo zmielonym pieprzem i

zieleniną kopru włoskiego i podawaj natychmiast.

13. Zupa miso z tofu i makaronem soba

składniki

- Soba (makaron soba: spaghetti z gryki i pszenicy)
- 2 łyżeczki oleju sezamowego (prażonego)
- 1 łyżka nasion sezamu

- 4 cebulki dymki
- 2 mini ogórki
- 100 gram liści szpinaku
- 200 gramów tofu
- 1¼ litra bulionu warzywnego
- 1 kawałek imbiru (ok. 20 g)
- 2 łyżeczki (glonów wakame instant)
- 2½ łyżki Shiro miso (pasta z ekologicznego lub azjatyckiego sklepu)
- Liście kolendry (do dekoracji)

przygotowanie

1. Ugotuj makaron soba zgodnie z instrukcją na opakowaniu. Przełóż na sito, dobrze odcedź i wymieszaj z olejem sezamowym. Podpraż nasiona sezamu na patelni nieprzywierającej, aż będą złocistobrązowe. Zdejmij z kuchenki i pozostaw do ostygnięcia.
2. Oczyść i umyj cebulę dymkę, pokrój białą i jasnozieloną część w cienkie krążki. Umyj ogórki i pokrój w słupki o długości około 3 cm. Posortuj szpinak, umyj i osusz, usuwając grube łodygi. Osusz tofu i pokrój w kostki o wymiarach 2 cm.
3. Doprowadź bulion do wrzenia w rondlu. Obierz imbir i pokrój w plasterki, dodaj do

bulionu z wodorostami i gotuj na wolnym ogniu przez około 2 minuty. Wymieszaj pastę miso z 5 łyżkami wody do uzyskania gładkiej konsystencji, dodaj do bulionu i gotuj przez kolejne 5 minut. Następnie dodaj tofu, szczypiorek i ogórek do zupy i doprowadź do wrzenia.
4. Aby podać, umyj kolendrę i osusz ją. Rozłóż makaron soba i szpinak w miskach lub kubkach i zalej wrzącym bulionem. Rozrzuć na wierzchu uprażone nasiona sezamu i liście kolendry. Podawaj natychmiast.

14. Gyoza

składniki

Pożywny

- 200 gram mielonej wieprzowiny (najlepiej ekologicznej)
- 10 gramów suszonego shiitake
- 10 gramów suszonych grzybów (grzyby Mu-Err)
- 50 gramów marchwi
- ½ czerwonej cebuli
- 1 ząbek czosnku
- 7 łyżek oleju

- 1 łyżka sosu rybnego (azjatyckiego w sklepie lub supermarkecie)
- sól
- Pieprz (świeżo mielony)

Sos

- 30 mililitrów octu ryżowego (czarnego)
- 50 mililitrów sosu sojowego
- 24 (mrożone arkusze ciasta gyoza, ok. 120 g;)

przygotowanie

Do wypełnienia

1. Wyjmij mięso mielone z lodówki około 30 minut przed gotowaniem. Oba rodzaje grzybów namocz w letniej wodzie przez około 30 minut.

do sosu

2. Wymieszaj czarny ocet ryżowy z sosem sojowym i odstaw.
3. Marchewki oczyścić, obrać i drobno zetrzeć. Odcedzić namoczone grzyby, dobrze je wycisnąć i odciąć trzonki.

Kapelusze drobno posiekać. Obrać cebulę i czosnek i drobno posiekać.

4. Rozgrzej 3 łyżki oleju na patelni, smaż pieczarki, cebulę i czosnek przez 5 minut. Następnie odstaw do ostygnięcia. Zagnieć mielone mięso z mieszanką pieczarek i startą marchewką, dopraw sosem rybnym, odrobiną soli i pieprzu.
5. Rozmroź liście gyoza. Weź tylko 1 ciasto francuskie ze stosu i umieść około 11/2 łyżeczki nadzienia na środku. Posmaruj brzeg ciasta dookoła odrobiną zimnej wody, złóż dolną połowę ciasta na nadzienie i ściśnij w kształcie fali z jednej strony. Zrób to samo z pozostałym nadzieniem i arkuszami ciasta, używaj tylko 1 arkusza na raz, aby cienkie ciasto nie wyschło, przygotuj łącznie 24 gyoza.
6. Rozgrzej 2-3 łyżki oleju na dużej patelni nieprzywierającej. Smaż około 12 pierogów z karbowanym szwem do góry przez 2 minuty na dużym ogniu, aż będą chrupiące. Następnie smaż pod przykryciem na małym lub średnim ogniu przez około 4-5 minut.
7. Ostrożnie wyjmij gotowe pierożki z dna patelni i trzymaj je w cieple. Zrób to samo z

pozostałymi gyozas. Podawaj gyozas z sosem.

15. Sałatka szparagowa z tataki wołowym

składniki

Tataki

- 400 gramów polędwicy wołowej (najlepiej ekologicznej)
- 1 łyżeczka oleju sezamowego (prażonego)
- 3 łyżki sosu sojowego
- 30 gramów klarowanego masła

Opatrunek

- 2 szalotki
- 200 mililitrów bulionu warzywnego
- 5 łyżek soku z limonki
- 5 łyżek oleju (np. oleju arachidowego)
- 2 łyżeczki oleju sezamowego (prażonego)
- 1 łyżeczka wasabi

- Pieprz (świeżo mielony)
- 1 łyżeczka syropu imbirowego

Sałatka

- 1 kilogram główek szparagów (kolorowych, alternatywnie zielonych i białych łodyg szparagów)
- 100 gramów grzybów shiitake
- 100 gramów pieczarek brązowych
- sól
- 20 gramów masła
- 1 łyżeczka cukru
- 1 pęczek rukoli
- 1 łyżeczka nasion sezamu

przygotowanie

Dla Tataki

1. Osusz mięso papierem kuchennym. Wymieszaj olej sezamowy z sosem sojowym i posmaruj nim mięso. Zawiń w folię spożywczą i odstaw do lodówki na około 2 godziny.
2. Wyjmij mięso z folii i odstaw na 30 minut, aby odpoczęło i zahartowało się w temperaturze pokojowej. Rozgrzej klarowane masło na patelni i obsmaż mięso ze

wszystkich stron. Następnie wyjmij je z patelni, zawiń w folię aluminiową i pozostaw do całkowitego ostygnięcia. Następnie pokrój mięso na bardzo cienkie plasterki i połóż na wierzchu sałatki, aby ją podać.

Do sosu

1. Obierz i drobno pokrój szalotki. Doprowadź bulion do wrzenia i gotuj w nim kostki szalotki przez około 1 minutę. Wymieszaj z sokiem z limonki, olejem orzechowym i sezamowym, wasabi, pieprzem i syropem imbirowym. Dopraw dressing do smaku i odstaw.

Do sałatki

2. Opłucz końcówki szparagów i krótko je odetnij. Obierz całe łodygi szparagów i pokrój je na kawałki o długości 2-3 cm. Usuń łodygi z grzybów shiitake i pokrój kapelusze w plasterki. Oczyść grzyby i pokrój je na ćwiartki lub ósemki, w zależności od ich wielkości.
3. Doprowadź do wrzenia dużą ilość wody, odrobinę soli, masła i cukru. Gotuj w niej szparagi przez 4-6 minut. Dodaj grzyby

shiitake i gotuj przez kolejną minutę. Wymieszaj 2-3 łyżki wody ze szparagów z dressingiem. Odcedź szparagi i grzyby shiitake, krótko odcedź i ostrożnie wymieszaj z ciepłym dressingiem. Pozostaw do zaparzenia na około 1 godzinę.

4. Posortuj rukolę, opłucz, osusz i włóż do szparagów z grzybami. Dopraw sałatkę ponownie solą i pieprzem. Ułóż plastry mięsa na sałatce.

5. Podpraż nasiona sezamu na patelni, aż będą złocistobrązowe, wyjmij. Posyp sałatkę odrobiną pieprzu i podawaj.

16. Lody matcha

składniki

- 2 łyżki matchy (proszek do herbaty matcha)
- 140 gramów cukru
- 4. Żółtka jaj ekologicznych
- 200 mililitrów mleka
- 200 gramów bitej śmietany
- 200 gramów borówek
- Matcha (proszek herbaciany Matcha do posypywania)

przygotowanie

1. Wymieszaj proszek matcha i 2 łyżki cukru. Ubijaj żółtka i pozostały cukier mikserem

ręcznym przez co najmniej 5 minut, aż masa będzie lekka i kremowa.
2. Ostrożnie podgrzej mleko w rondlu (do około 80 stopni), a następnie dodaj kilka łyżek mleka do mieszanki proszku herbacianego bez dalszego podgrzewania i dobrze wymieszaj, aby nie było widać grudek. Następnie dodaj pastę herbacianą do reszty ciepłego mleka i dobrze wymieszaj.
3. Dodaj krem żółtkowy do mieszanki mleka matcha, dobrze wymieszaj i pozostaw do ostygnięcia. Ubij śmietanę na sztywno i wymieszaj.
4. Wlej mieszankę do pracującej maszynki do lodów i pozostaw do zamrożenia na 30 minut, aż stanie się kremowa.
5. Jeśli nie masz maszyny do lodu, wlej śmietanę do metalowej foremki i włóż do zamrażarki.
6. Po 30 minutach krótko zamieszaj mieszankę, zamroź ją ponownie i dobrze wymieszaj po 1 godzinie. Następnie włóż ją z powrotem do zamrażarki na co najmniej 2 godziny.
7. Posortuj jagody, opłucz i dobrze osusz na papierowych ręcznikach. Uformuj lody w

kulki za pomocą łyżki do lodów i podawaj z jagodami.
8. Podawać posypane odrobiną sproszkowanej herbaty.

17. Latte z matchą

składniki

- 1 łyżeczka matchy (proszek do herbaty matcha)
- 400 mililitrów mleka (alternatywnie sojowego lub migdałowego)

- Matcha (proszek herbaciany Matcha do posypywania)

przygotowanie

1. Wsyp proszek matcha do miski, zalej 100 ml gorącej wody i ubijaj, aż piana stanie się puszysta za pomocą bambusowej trzepaczki do herbaty matcha (możesz też użyć małej trzepaczki).
2. Rozdziel herbatę do dwóch szklanek.
3. Podgrzej mleko (nie gotuj) i ubij je spieniaczem do mleka, aż będzie kremowe.
4. Powoli wlej mleko do herbaty. Posyp odrobiną proszku matcha i natychmiast podawaj latte matcha.

18. Chleb ramen

składniki

- 500 gramów skrzydełek z kurczaka (najlepiej ekologicznych)
- 800 gramów boczku wieprzowego (świeżego, najlepiej ekologicznego)
- 80 gramów imbiru
- 4 ząbki czosnku
- 1 pręt pora
- 500 gramów marchwi
- 100 mililitrów sosu sojowego
- 100 mililitrów mirinu (wino ryżowe do gotowania)

- sól
- 25 gram masła (zimnego)

Kombu Dashi (miękkie grzyby z alg)

- 1 kawałek wodorostów (glony kombu, suszone wodorosty, około 8 g)
- 4 suszone grzyby shiitake (25 g)

przygotowanie

1. Rozgrzej piekarnik do 220 stopni (z termoobiegiem do 200 stopni), stopień gazowy 5.
2. Opłucz skrzydełka kurczaka, osusz je i rozłóż na blasze do pieczenia. Piecz na górnej półce piekarnika przez około 30 minut, aż będą złocistobrązowe. Umieść boczek wieprzowy w durszlaku i umieść w dużej misce lub w zlewie. Zalej mięso wrzącą wodą (aby uniknąć ewentualnego zmętnienia w późniejszym wywarze).
3. Obierz imbir i pokrój w plasterki. Naciśnij czosnek na blacie i usuń skórkę. Oczyść pora, opłucz i pokrój w drobną kostkę. Obierz marchewki i pokrój je również w kostkę.
4. Umieść przygotowane warzywa, pieczone skrzydełka kurczaka i boczek wieprzowy w

dużym rondlu lub brytfannie. Wlej 3-3,5 litra zimnej wody (wystarczająco dużo, aby wszystko dobrze przykryć), sos sojowy i mirin i dopraw 1 łyżeczką soli. Powoli doprowadź do wrzenia na średnim ogniu, a następnie gotuj bardzo delikatnie przez około 3 godziny bez przykrycia. Zbierz, jeśli utworzy się piana.

Dla Kombu Dashi

1. Przekrój algi kombu na pół i namocz w gorącej wodzie przez około 10 minut. Namocz shiitake na krótko w ciepłej wodzie.
2. Wyjmij kombu i shiitake z wody. Gotuj razem w małym rondelku z 250 ml wody na małym lub średnim ogniu przez około 20 minut; nie gotuj bulgocząco, w przeciwnym razie smak może stać się kwaśny.
3. Przecedź wywar z alg przez drobne sito i odstaw (pozostanie około 140 ml). Nie używaj już shiitake i kombu.
4. Wyjmij boczek z bulionu mięsnego, ewentualnie użyj go do „ramen z boczkiem i jajkiem". Wyjmij również skrzydełka (patrz

wskazówki). Przelej bulion przez durszlak wyłożony gazą.
5. Ponownie podgrzej bulion, dodaj masło i energicznie wymieszaj trzepaczką. Następnie wlej kombu dashi, dopraw do smaku i kontynuuj używanie.

19. Ramen z kurczakiem i dynią

składniki

- 400 gramów filetów z piersi kurczaka (najlepiej ekologicznych)
- łyżka sosu sojowego (sosu sojowo-sezamowego)
- łyżka sosu chili
- 3 łyżki nasion sezamu
- ½ łyżeczki soli
- 40 gramów imbiru
- 250 gramów Hokkaido
- ½ pęczka kolendry
- 1 ⅓ litra bulionu (bulionu ramen)

- 250 gramów soba (zrobiony z makaronu gryczanego lub pszennego ramen)
- 3 łyżki miso (jasna pasta, 75 g)

przygotowanie

1. Filety z piersi kurczaka opłucz, osusz i natrzyj po 2 łyżkami sosu. Przykryj i schłódź w temperaturze pokojowej przez co najmniej 2 godziny, najlepiej przez całą noc.
2. Sezam i sól uprażyć na patelni, aż będą złocistobrązowe, wyjąć.
3. Obierz imbir i pokrój w bardzo cienkie paski. Umyj i oczyść dynię dokładnie i pokrój w plastry o grubości około 1/2 cm. W razie potrzeby przetnij duże odstępy na pół. Umyj kolendrę, osusz i oderwij liście od łodyg.
4. Doprowadź bulion do wrzenia i gotuj filety z kurczaka na małym ogniu przez 15-20 minut. Wyjmij mięso z bulionu, przykryj i odstaw na chwilę.
5. Włóż cząstki dyni i imbir do gorącego wywaru, przykryj i gotuj przez około 7 minut. Wyjmij dynię i imbir cedzakową chochlą i trzymaj w cieple.
6. Ugotuj makaron w wodzie zgodnie z instrukcją na opakowaniu, odcedź. Dodaj

miso do gorącego bulionu i krótko zmiksuj blenderem ręcznym. Pokrój filety z kurczaka w cienkie plasterki.

7. Włóż 1-2 łyżki każdego z dwóch sosów przyprawowych do 4 podgrzanych misek na zupę. Rozłóż makaron, kurczaka, dynię i imbir na miskach i zalej gorącym bulionem miso. Posyp solą sezamową i listkami kolendry na wierzchu i podawaj. Jeśli chcesz, możesz doprawić zupę dwoma sosami.

20. Ramen z grzybami, tofu i kimchi

składniki

- 300 gramów tofu (miękkiego)
- 6 łyżek sosu sojowego (sosu sojowo-sezamowego)
- 6 łyżek sosu chili
- 1 pęczek szczypiorku
- 1 ⅓ litra bulionu (bulionu ramen)
- 100 gramów brązowych pieczarek (lub grzybów shiitake)
- 250 gramów makaronu ramen (lub grubego makaronu udon, zrobionego z pszenicy)

- 100 gramów warzyw (kimchi, koreańskie marynowane warzywa)
- 1 łyżka czarnego sezamu

przygotowanie

1. Pokrój tofu w kostkę 2 cm, wymieszaj z 2 łyżkami każdego z sosów i odstaw na co najmniej 10 minut. Szczypiorek opłucz, osusz i pokrój na kawałki o długości 3-4 cm.
2. Doprowadź bulion do wrzenia. Oczyść grzyby, krojąc małe okazy w poprzek kapelusza grzyba, przekrój na pół lub ćwiartki większe. Dodaj grzyby do bulionu i gotuj na średnim ogniu przez około 10 minut. Dodaj tofu do bulionu i podgrzej w nim. Ugotuj makaron zgodnie z instrukcją na opakowaniu i odcedź.
3. Odcedź kimchi, pokrój na kawałki wielkości kęsa i podziel na 4 podgrzane miski zupy. Skrop je 1 łyżką pikantnych sosów i rozłóż makaron na miskach.
4. Rozłóż również grzyby, tofu i bulion na miskach. Podawaj posypane szczypiorkiem i sezamem. Jeśli lubisz, możesz doprawić zupę dwoma sosami.

21. Ramen z boczkiem wieprzowym i jajkiem

składniki

- 4 ekologiczne jajka
- 9 łyżek sosu sojowego (sosu sojowo-sezamowego)
- 200 gramów rzodkiewki (białej)
- 1 łyżeczka masła
- 3 łyżki bułki tartej (świeżej lub panko, japońskiej bułki tartej)
- 1 szczypta soli
- 3 cebulki dymki
- 800 gramów boczku wieprzowego (zimnego, gotowanego)

- łyżka sosu chili
- 250 gramów makaronu ramen
- 1 ⅓ litra bulionu (bulionu ramen)
- 1 łyżeczka papryczek chilli (Togarashi, japońska mieszanka chilli lub połowa mieszanki płatków chilli i czarnego sezamu)

przygotowanie

1. Rozgrzej piekarnik do 200 stopni, termoobieg 180 stopni, poziom gazu 4.
2. Nakłuj jajka i gotuj w wodzie przez około 7 minut, aż będą woskowate. Odcedź, opłucz zimną wodą i obierz. Zalej jajka 3-4 łyżkami sosu sojowo-sezamowego i odstaw na co najmniej 30 minut.
3. Obierz i zetrzyj na tarce rzodkiewkę. Rozgrzej masło na patelni, zrumień bułkę tartą i posól ją, aż będzie złocistobrązowa. Oczyść i umyj cebulę dymkę, pokrój w cienkie krążki.
4. Usuń skórkę i ewentualnie trochę tłuszczu z boczku wieprzowego. Pokrój boczek na plasterki o grubości 1 cm, umieść w naczyniu do pieczenia, skrop 2-3 łyżkami sosu sojowego, sezamu i 2 łyżkami sosu chili. Włóż do gorącego piekarnika na około 10 minut.

5. Ugotuj makaron ramen zgodnie z instrukcją na opakowaniu i odcedź. Doprowadź bulion ramen do wrzenia. Przekrój jajka na pół.
6. Włóż po 1 łyżce sosu sojowego i sosu chili do 4 podgrzanych misek zupy. Rozłóż makaron na miskach i napełnij gorącym bulionem. Rozłóż boczek wieprzowy, połówki jajek, rzodkiewkę i szczypiorek na wierzchu. Posyp bułką tartą i ewentualnie togarashi i podawaj natychmiast.

22. Radicchio Fittata z surimi

składniki

- 1 czerwona cebula (60g, drobno pokrojona)
- 1 ząbek czosnku (posiekany)
- 2 łyżeczki oliwy z oliwek
- 80 gramów radicchio (pokrojonego w cienkie plasterki)
- 2 ekologiczne jajka (rozmiar M)
- 50 gramów chudego twarogu
- 1 łyżka parmezanu (startego)
- sól
- Pieprz (świeżo mielony)
- 20 gramów kaparów (drobnych)

- 60 gramów pomidorków koktajlowych (przekrojonych na pół)
- 3 kawałki surimi (patyczki, 50 g)
- Liście ziół (ewentualnie kilka zielonych)

przygotowanie

1. Rozgrzej piekarnik do 180 stopni, termoobieg 160 stopni, poziom gazu 3.
2. Podsmaż cebulę i czosnek na patelni z nieprzywierającą powłoką na oliwie z oliwek. Dodaj radicchio i smaż przez 2-3 minuty.
3. Wymieszaj jajka, twaróg, parmezan, sól i pieprz. Wlej mieszankę jajeczną na warzywa i dobrze wymieszaj na patelni. Posyp kaparami i pozwól jajku wyrosnąć na małym ogniu przez około 2-3 minuty. Piecz frittatę w piekarniku na środkowej półce przez 15-20 minut. W razie potrzeby owiń uchwyt patelni folią aluminiową.
4. Wyjmij frittatę i podawaj z pomidorami, surimi i ewentualnie kilkoma listkami ziół.

23. Łosoś z grilla z sosem teriyaki

składniki

- 4 kawałki steków z łososia (ok. 250 g każdy)
- 2 łyżeczki cukru
- 2 łyżki sake (alternatywnie białego wina lub łagodnego sherry)
- 2 łyżki wina ryżowego (mirin)
- 4 łyżki sosu sojowego (japońskiego)
- 1 opakowanie rzeżuchy
- 1 sztuka rzodkiewki (ok. 15 cm, białej, startej)
- Olej do smażenia)

przygotowanie

1. Natrzyj steki z łososia olejem i usuń skórę i ości.
2. Aby przygotować sos teriyaki, wymieszaj cukier, sake, wino ryżowe i sos sojowy, aż cukier się rozpuści (w razie potrzeby lekko podgrzej).
3. Włóż łososia do sosu na około 10 minut i często obracaj.
4. Przygotowanie na grillu: Odcedź rybę i grilluj na drucianej kratce przez około 3 minuty z każdej strony. Skrop rybę resztą marynaty.
5. Przygotowanie na patelni: Rozgrzej olej i smaż rybę przez około 3 minuty z każdej strony. Zlej nadmiar oleju, podgrzej pozostałą marynatę na patelni i mocz łososia w sosie przez kilka minut.
6. Ułóż łososia z pozostałą marynatą na czterech talerzach. Udekoruj oczyszczoną rzeżuchą i startą rzodkiewką.

24. Glazurowane filety z piersi kurczaka

składniki

- 2 filety z piersi kurczaka (ok. 400 g; najlepiej ekologiczne)
- 1 kawałek imbiru (świeży, 2 cm)
- 1 ząbek czosnku
- 150 mililitrów wina ryżowego (słodkiego, mirinu; alternatywnie sherry)
- 150 mililitrów sosu sojowego (japońskiego)
- 3 łyżki brązowego cukru
- sól
- 3 łyżki oleju sezamowego
- 1½ łyżki orzeszków ziemnych (niesolonych)

przygotowanie

1. Opłukać filety z kurczaka i osuszyć. Obrać i zetrzeć imbir lub przecisnąć przez praskę do czosnku. Obrać i zgnieść ząbek czosnku. Wymieszać imbir i czosnek z winem ryżowym, sosem sojowym, cukrem, szczyptą soli i 1 łyżeczką oleju sezamowego.
2. Włóż mięso do małej miski i zalej marynatą. Przykryj i odstaw do lodówki na co najmniej 3 godziny, najlepiej na noc. W razie potrzeby przewróć mięso raz.
3. Wyjmij pierś kurczaka z marynaty i dobrze odsącz. Rozgrzej pozostały olej w małej patelni i smaż filety przez 2-3 minuty z każdej strony. Odcedź olej i dodaj marynatę do mięsa na patelni.
4. Gotuj na wolnym ogniu w zamkniętym rondlu przez około 20 minut. Zdejmij pokrywkę i pozwól mięsu gotować się na wolnym ogniu w otwartym rondlu przez kolejne 5 minut, aż sos wyparuje jak syrop.
5. Pokrój filety i podawaj z ryżem i warzywami. Grubo posiekaj orzeszki ziemne i posyp nimi mięso. Skrop sosem.

25. Makaron soba z tofu sezamowym

składniki

- 10 gramów imbiru (świeżego)
- 4 łyżki sosu sojowego (piekło)
- 300 gramów tofu
- 2 rzodkiewki daikon (ok. 40 g; patrz wskazówka)
- 300 gramów soby
- 1 puszka fasoli
- 3 łyżki nasion sezamu (piekielnie)
- 4 łyżki oleju arachidowego
- 4 łyżki sosu fasolowego (czarnego, patrz wskazówka)
- Pieprz (świeżo mielony)

- 1 limonka

przygotowanie

1. Obierz imbir, pokrój go w drobną kostkę i wymieszaj z sosem sojowym. Odcedź tofu, osusz i pokrój na 6 plasterków. Przekrój plasterki po przekątnej i marynuj w sosie sojowo-imbirowym przez 10 minut, obracając raz. Odetnij rzodkiewkę z grządek nożyczkami, opłucz i odwiruj.
2. Ugotuj makaron soba w dużej ilości wrzącej wody przez około 3 minuty, mieszając od czasu do czasu, aż będzie twardy w dotyku. Przelej do sita i zbierz 100 ml wody z makaronu. Przepłucz makaron zimną wodą i dobrze odcedź. Umieść czarną fasolę w durszlaku, opłucz zimną wodą i dobrze odcedź. Wyjmij plastry tofu z marynaty, odcedź i wmieszaj nasiona sezamu. Odstaw. Rozgrzej 2 łyżki oleju na dużej patelni nieprzywierającej i smaż plastry tofu z obu stron na średnim ogniu. Odstaw tofu na bok i trzymaj w cieple.

3. Rozgrzej resztę oleju w woku lub dużej patelni nieprzywierającej i krótko podsmaż fasolę na średnim ogniu. Dodaj sos fasolowy i gotuj na wolnym ogniu przez 1 minutę. Dodaj makaron i gotuj przez kolejne 1–2 minuty, mieszając, stopniowo wlewając wodę z makaronu. Pieprz. Ułóż makaron, tofu i rzeżuchę i podawaj z ćwiartkami limonki.

26. Roladki kalifornijskie z krewetkami

składniki

- 250 gramów ryżu do sushi
- 5 łyżek octu ryżowego
- 1 łyżka cukru
- 1 łyżeczka soli
- 100 gramów mrożonych krewetek (wstępnie ugotowanych, obranych i pozbawionych pancerzyków)
- 1 awokado (dojrzałe)
- 4 nori (suszone arkusze wodorostów)
- 1 łyżeczka wasabi (japońskiej pasty chrzanowej)

- 2½ łyżki majonezu
- 7 łyżek nasion sezamu

przygotowanie

1. Płucz ryż w durszlaku, aż woda będzie czysta. Doprowadź ryż i 300 ml wody do wrzenia, gotuj przez 2 minuty i przykryj wyłączoną płytą grzewczą, mocz przez około 15 minut. Podgrzej ocet, cukier i sól, mieszając, aby cukier się rozpuścił.
2. Ugotowany ryż włóż do szklanej miski i zalej mieszanką octu. Pracuj szpatułką przez około 2 minuty (odwracaj kilka razy), aby mieszanka octu dobrze się rozprowadziła, a ryż trochę ostygł. Przykryj ryż i odstaw.
3. Rozmroź krewetki, opłucz jeśli to konieczne, osusz i przekrój wzdłuż na pół. Usuń pestkę i obierz awokado, a miąższ pokrój na paski o długości około 1 x 4 cm. Rozłóż na blacie bambusową matę do rolek sushi i dobrze ją zwilż. Zwilż dłonie i równomiernie rozłóż 1/4 ryżu na macie (około 1/2 cm grubości). Połóż na wierzchu 1 arkusz nori (szorstką stroną do ryżu). Posmaruj cienko odrobiną wasabi i majonezem. Na środku liścia ułóż wąską „uliczkę" z patyczków awokado i krewetek.

4. Zwiń ryż matą mocno z jednej strony. Zwiń każdą rolkę w nieco mniej niż 2 łyżki nasion sezamu, owiń folią spożywczą i włóż do lodówki. Kontynuuj w ten sposób, aż wszystkie 4 rolki będą gotowe. Rozwiń rolki z folii i pokrój każdą z nich na 6 kawałków ostrym nożem. Najlepiej jest wcześniej zanurzyć nóż w gorącej wodzie, aby ryż się do niego nie przykleił.

27. Sushi pieczone

składniki

- 100 gramów ciasta tempura (ze sklepu Asia)
- 1 jajko
- 50 mililitrów sosu sojowego
- 50 mililitrów Ketjap manis (indonezyjski słodki sos sojowy)
- 1 łyżka cukru
- 200 gramów filetów z łososia (bardzo świeżych, jakości sushi)
- 4 cebulki dymki
- 3 Nori (suszone wodorosty)
- 1 Przepis na ryż do sushi (patrz wskazówka)

- 1 łyżka wasabi (zielonej pasty chrzanowej)
- ½ litra oleju (do głębokiego smażenia, neutralnego)

przygotowanie

1. Wymieszaj proszek do ciasta tempura z jajkiem i 75 ml wody, aż masa będzie gładka i odstaw do napęcznienia. Doprowadź sos sojowy, ketjap manis i cukier do wrzenia i zmniejsz ogień do poziomu syropu na około 4 minuty. Odstaw.
2. Łososia opłucz zimną wodą, osusz i pokrój w paski o grubości około 5 mm. Oczyść i opłucz szczypiorek i usuń ciemnozielone liście. Pokrój szczypiorek w długie paski. Przekrój arkusze nori na pół.
3. Połóż kawałek folii spożywczej na macie bambusowej i połowę arkusza nori na wierzchu. Zwilż dłonie wodą. Rozłóż trochę ryżu do sushi na wysokość około 1 cm na arkuszu wodorostów. Pozostaw 1 cm wolnego miejsca na górze. Nie dociskaj ryżu zbyt mocno.
4. Rozłóż wzdłużny pasek wasabi (ostrożnie, bardzo ostry!) na dolnej 1/3. Na wierzchu połóż łososia i szczypiorek. Używając maty

bambusowej, zwiń nadzienie z arkuszem nori i owiń rolkę folią spożywczą. Dociśnij rolkę za pomocą maty. Uformuj pozostałe składniki w kolejne 5 rolek zgodnie z opisem. Pokrój rolki na 4 równe kawałki ostrym nożem zanurzonym kilkakrotnie w zimnej wodzie.

5. Rozgrzej olej w małym, wysokim rondlu (temperatura jest odpowiednia, jeśli na trzonku drewnianej łyżki zanurzonej w gorącym oleju tworzą się małe bąbelki). Zanurz kawałki sushi w porcjach w cieście tempura, krótko odsącz i natychmiast piecz w gorącym oleju przez około 2 minuty, aż będą złocistobrązowe. Krótko odsącz na papierowych ręcznikach. Podawaj smażone sushi z ugotowanym sosem.

28. Maki sushi z tuńczykiem i ogórkiem

składniki

- 1 sztuka ogórka (100 g)
- 100 gramów tuńczyka (bardzo świeżego)
- 3 Nori (suszone wodorosty)
- 1 Przepis na ryż do sushi (podstawowy przepis na ryż do sushi)
- 2 łyżki wasabi (zielonej pasty chrzanowej)

przygotowanie

1. Obierz ogórka i przekrój go wzdłuż na pół. Usuń pestki łyżką i pokrój ogórka wzdłuż na

paski. Pokrój tuńczyka na paski o grubości około 5 mm. Przekrój arkusze nori na pół.

Sushi w rolce:

2. Aby to zrobić, połóż folię spożywczą na bambusowej macie i połowę arkusza nori na wierzchu. Zwilż dłonie wodą. Rozłóż trochę ryżu do sushi na wysokość około 1 cm na arkuszu nori, pozostawiając 1 cm wolnego miejsca na górze. Nie dociskaj ryżu zbyt mocno. Połóż cienki pasek wasabi na dolnej trzeciej części liścia (uważaj, jest bardzo gorący!). Połóż ogórka lub tuńczyka na wierzchu.
3. Używając maty bambusowej, ostrożnie zwiń nadzienie z arkuszem nori, owijając folię spożywczą wokół rolki. Dociśnij rolkę na miejsce za pomocą maty. Dociśnij rolkę lekko płasko na jednym długim boku dłońmi, dzięki temu rolki nabiorą później kształtu łezki.)
4. Zrób 5 kolejnych bułek, jak opisano. Pokrój bułki na 8 równych kawałków ostrym nożem, który jest wielokrotnie zanurzany w zimnej wodzie.

29. Pstrąg z kawiorem keta na grzybach enoki

składniki

- 200 gramów filetów z pstrąga (bardzo świeżych, bez skóry)
- 100 gramów grzybów enoki (azjatyckie, alternatywnie grzyby w bardzo cienkich plasterkach lub paski rzodkiewki)
- 100 gramów keta
- 1 łyżka wasabi (zielonej, pikantnej pasty chrzanowej)
- sos sojowy

przygotowanie

1. Filety z pstrąga opłucz, osusz i pokrój w plasterki. Pokrój grzyby enoki z korzeni w pęczki i ułóż na półmisku. Połóż rybę na grzybach i rozłóż kawior z pstrąga na wierzchu. Na każdy kawałek pstrąga nałóż szczyptę wasabi. Podawaj rybę dobrze schłodzoną z sosem sojowym.

30. Sola na cytrynie z żółtkiem

składniki

- ½ ekologicznej cytryny
- 150 gramów filetów z soli (bardzo świeżych)
- 1 rzeżucha buraczana (lub rzeżucha ogrodowa)

przygotowanie

1. Ugotuj jajko na twardo w 10 minut, opłucz zimną wodą i usuń skorupkę. Ostrożnie usuń żółtka i przecedź je przez sito (w przeciwnym razie użyj białka).

2. Opłucz cytrynę gorącą wodą, przekrój na pół i pokrój na bardzo cienkie plasterki. Połóż ćwiartki cytryny na talerzu. Opłucz rybę w zimnej wodzie, osusz i pokrój na cienkie plasterki. Ułóż plasterki na cytrynie. Odetnij rzeżuchę z dna. Połóż żółtka jaj i rzeżuchę na wierzchu ryby.

DANIE GŁÓWNE

31. Łosoś alpejski w marynacie japońskiej

składniki

- 1 szt. Filet z łososia alpejskiego (600-800g)
- 2 szalotki
- 15g imbiru
- 15 g czosnku
- 1 strąk(i) papryczki chili
- 15 sztuk ziaren kolendry
- 1 patyk (y) trawy cytrynowej
- 1 limonka (tylko cienko obrana skórka)

- 1 sztuka. Liść lipy
- 75 gramów cukru
- 200 ml sosu sojowego
- 15 g liści kolendry (świeżych)

przygotowanie

1. Do łososia alpejskiego w japońskiej marynacie, drobno posiekaj szalotki z imbirem, czosnkiem i chilli i upiecz je razem z nasionami kolendry w odrobinie oleju arachidowego, tak aby cebula nie zmieniła koloru. Dodaj cukier i pozwól mu się skarmelizować. Odglazuruj sosem sojowym.
2. Dodaj trawę cytrynową ze skórką z limonki i liściem limonki i zredukuj, aż mieszanka będzie lekko gęsta. Ostudź i dodaj świeżo posiekane liście kolendry.
3. Umyj filet i pokrój skórę ostrym nożem. Następnie pokrój filet w poprzek na plastry o grubości ok. 3 mm. Ułóż je na blasze do pieczenia i zalej marynatą.
4. Łosoś alpejski w marynacie japońskiej nabiera najlepszego aromatu i idealnej konsystencji po ok. 3 godzinach.

32. Łosoś alpejski w marynacie japońskiej

składniki

- 300-400 g łososia, tuńczyka, ryby maślanej i/lub dorsza
- kilka paluszków surimi (paluszki krabowe)
- 1/2 awokado
- Sok z cytryny
- 1 ogórek (mały)
- Rzodkiewki (białe i marchewkowe)
- Imbir (marynowany, do smaku)
- Do sosu do maczania:
- sos sojowy
- Wino podróżne

przygotowanie

1. Użyj ostrego noża, aby pokroić filety rybne - ostrożnie odkostnione, jeśli to konieczne - na kawałki wielkości kęsa lub plasterki i umieść w chłodnym miejscu. Obierz połówkę awokado, pokrój miąższ w paski i natychmiast zamarynuj w odrobinie soku z cytryny. Pokrój lub zetrzyj również obrane ogórki, rzodkiewki i marchewki w bardzo cienkie paski. Rozcieńcz sos sojowy odrobiną wina ryżowego i rozłóż go do małych miseczek. Ułóż kawałki ryby i paluszki surimi dekoracyjnie na półmisku. Udekoruj przygotowanymi warzywami i podawaj z sosem sojowym i pastą wasabi. Przy stole wymieszaj więcej lub mniej pasty wasabi z sosem sojowym. Teraz zanurz kawałek ryby w sosie sojowym i delektuj się nią z warzywami.

33. Yaki Udon z piersią kurczaka

składniki

- 200 g yaki udon (gruby makaron pszenny)
- 300 g mieszanych warzyw smażonych na patelni
- 200 g filetu z piersi kurczaka
- 1 łyżeczka oleju sezamowego
- 4 łyżki oleju słonecznikowego
- 1/2 łyżeczki czosnku chili (czosnek zmieszany z posiekaną papryczką chili)
- 1 kawałek (2 cm) świeżego imbiru
- 2 łyżki sosu sojowego
- 1 łyżka cukru

- 1 łyżeczka nasion sezamu do dekoracji

przygotowanie

1. Do yaki udon zagotuj dużo wody i gotuj w niej makaron przez około 5 minut. Odcedź, opłucz zimną wodą i odcedź.
2. Pokrój filet z kurczaka i oczyszczone warzywa w paski szerokości palca, posiekaj imbir.
3. Rozgrzej wok lub ciężką patelnię, wlej olej sezamowy i słonecznikowy i podgrzej. Podsmaż w nim paski warzyw i mięsa. Dodaj czosnek, chili, cukier, sos sojowy i imbir i smaż przez 3 minuty. Dodaj makaron i również krótko smaż.
4. Ułóż yaki udon w miseczkach i przed podaniem posyp ziarnami sezamu.

34. Gotowana wieprzowina

składniki

- 550 g boczku wieprzowego (bez kości, ale z ładnymi warstwami mięsa)
- 1 kawałek imbiru (3 cm)
- 2 ząbki czosnku
- 1 cebula
- 1000 ml wody (wapna)
- Rzodkiewka piwna (do dekoracji według uznania)

Do sosu:

- 100 ml sosu sojowego
- 5 łyżek Mirinu (alternatywnie wina porto)
- 1 kawałek imbiru (2 cm, grubo posiekany)

- 5 łyżek cukru
- 1 EL Olej sezamowy
- 3 łyżki oleju roślinnego
- 50 ml japońskiego Dashi (lub 1/2 łyżeczki proszku Hondashi)

przygotowanie

1. Do ugotowanego boczku wieprzowego najpierw wlej zimną wodę z imbirem, czosnkiem, cebulą i mięsem i doprowadź do wrzenia. Następnie gotuj na wolnym ogniu przez około 1 godzinę. Odcedź wodę i pokrój mięso na kawałki wielkości kęsa.
2. Na sos wymieszaj wszystkie składniki w rondlu. Dodaj mięso i gotuj na wolnym ogniu, aż mięso nabierze koloru sosu sojowego i będzie tak miękkie, że można je łatwo jeść pałeczkami. Podawaj ugotowany boczek wieprzowy i udekoruj startą rzodkiewką piwną, jeśli lubisz.

35. Bułki z wołowiną i cebulą

składniki

- 4 plastry polędwicy wołowej (cienkiej jak opłatek, lub pieczonej wołowiny lub polędwicy wołowej)
- 4 cebulki dymki
- 1 łyżeczka cukru
- 2 łyżeczki sosu sojowego
- Imbir (świeżo posiekany)
- 1 łyżeczka sherry
- Olej (do smażenia)

przygotowanie

1. W przypadku roladek z wołowiną i cebulą najpierw pokrój cebulę dymkę wzdłuż na paski. Na wierzchu połóż mięso, przykryj paskami cebulki dymki i ciasno zwiń.
2. Do przygotowania marynaty wymieszaj sos sojowy, cukier, odrobinę imbiru i sherry.
3. Włóż roladki i marynuj przez około 30 minut.
4. Następnie wyjmij i smaż roladki z wołowiną i cebulą na grillu lub patelni (z odrobiną gorącego oleju) przez około 3 minuty, aż uzyskają złoty kolor z obu stron.

36. Yaki-Tori (grillowane szaszłyki z kurczaka)

składniki

- 400 g luźnych pałek z kurczaka
- 2 kawałki pora (cienkie)
- 200 ml zupy z kurczaka
- 120 ml japońskiego sosu sojowego
- 2 łyżki cukru

przygotowanie

1. Aby przygotować yaki tori, namocz osiem drewnianych szpikulców w wodzie i pozostaw na noc.

2. Pokrój kurczaka w mniejsze kostki lub kawałki (około 2,5 cm wielkości). Umyj pora i pokrój na kawałki o długości 3 cm.
3. Zagotuj na krótko zupę z kurczaka z sosem sojowym i cukrem na dużym ogniu. Teraz nałóż na szaszłyki naprzemiennie kostki kurczaka i pory. Zanurz szaszłyki w sosie, odcedź i umieść na rozgrzanej płycie grillowej.
4. Grilluj, aż będą złocistobrązowe z obu stron. W międzyczasie smaruj szaszłyki yaki-tori sosem raz po raz.

37. Tempura warzywna z musem wasabi

składniki

- 1/2 papryki (czerwonej)
- 1/2 papryki (żółtej)
- 250 g cukinii (i plasterków bakłażana)
- 180 ml wody z lodem
- 1 białko jaja
- 50 g mąki ryżowej (alternatywnie skrobi kukurydzianej)
- 50 g mąki pszennej
- sól
- Olej (do głębokiego smażenia)

Do musu wasabi:

- 100g majonezu
- 1 łyżeczka pasty wasabi
- 1 łyżka śmietanki kremówki (ubitej)

przygotowanie

1. Pokrój cukinię i bakłażana na kawałki wielkości kęsa, a paprykę bez pestek w paski o szerokości 5 mm. W przypadku ciasta tempura wymieszaj lodowatą wodę z białkiem jaja, szczyptą soli, mąką ryżową i mąką pszenną, aż do uzyskania gładkiej konsystencji. Rozgrzej dużo oleju w woku. Lekko posól warzywa, zanurz je w cieście, odcedź i smaż na gorącym oleju (ok. 180°C). Wyjmij i odcedź na papierze kuchennym. Wymieszaj wszystkie składniki sosu wasabi. Ułóż pieczone warzywa w miskach lub głębokich talerzach i podawaj z musem.

38. Sashimi

składniki

- 85 g tuńczyka (świeżego)
- 85 g łososia (świeżego)
- 85 g filetu z okonia morskiego (świeżego)
- 85 g filetów z turbota (w jakości garnkowej)
- 40 g pasty wasabikrenowej
- 100 g imbiru sushi (marynowanego)
- 1 rzodkiewka piwna
- 4 plasterki limonki
- Sos sojowy (do maczania)

przygotowanie

2. Obierz rzodkiewkę piwną, pokrój na kawałki o długości 10 cm i pokrój je w bardzo cienkie paski. Umyj w zimnej wodzie i namocz przez około 10 minut. Następnie odcedź i odstaw.
3. Pokrój bardzo ostrożnie filety rybne bez ości na plasterki o szerokości około 0,7 cm ostrym nożem. Następnie pokrój je na prostokąty o szerokości około 2 cm i długości 3 cm.
4. Następnie udekoruj 4 talerze lub patery sushi rzodkiewką piwną, plasterkami limonki, wasabi i imbirem i podawaj po 2 filety rybne (łącznie 8 plasterków ryby) na talerz.
5. Podawać z sosem sojowym.

39. Maki z tuńczykiem

składniki

- 120 g tuńczyka (jakość sashimi)
- 2 arkusze nori (wodorostów)
- 640 g ugotowanego ryżu do sushi (zobacz przepis)
- 20 g pasty wasabikrenowej
- 100 g marynowanego imbiru sushi
- Sos sojowy do maczania

przygotowanie

1. Pokrój tuńczyka ostrym nożem na paski o szerokości 1,5 cm i długości około 5 cm. Ostrożnie przetnij liście nori na pół wzdłuż

nożyczkami kuchennymi. Rozwałkuj matę bambusową i połóż na niej połowę arkusza nori. Pokryj ryżem do sushi o grubości około 0,5 cm, pozostawiając 1 cm wolnego miejsca na górze. Od prawej do lewej strony na środku nałóż palcami cienką warstwę wasabi i połóż na wierzchu pasek tuńczyka. Zacznij zwijać od dołu (gdzie jest ryż). Uformuj matę tak, aby rolka była prostokątna, dzięki czemu arkusze nori się nie połamią. Lekko dociśnij rolkę bambusową. Zdejmij matę bambusową i przygotuj pozostałe rolki maki w ten sam sposób. Krótko zwilż ostrze noża zimną wodą i pokrój rolki na sześć równych części. Ułóż maki na talerzu lub półmisku sushi i udekoruj wasabi i imbirem. Podawaj z sosem sojowym.

40. Tempura warzywna

składniki

- Mieszane warzywa (wg oferty)
- sól
- Olej roślinny

Do ciasta tempura:

- 200 g mąki pszennej
- 200 g mąki ze słodkich ziemniaków (alternatywnie mąki ziemniaczanej)
- 2 łyżki cukru
- 1/2 łyżki soli
- 300 ml lodowatej wody
- 4 żółtka jaj

Do sosu:

- 5 łyżek sosu sojowego
- 5 łyżek wody
- 2 łyżki syropu klonowego
- Trochę posiekanego imbiru
- 1 posiekana szczypiorkowa cebula

przygotowanie

1. Pokrój oczyszczone warzywa po skosie na plasterki o grubości około 3 mm i lekko posól. Do ciasta przesiej oba rodzaje mąki z cukrem i solą. Odłóż około jednej trzeciej i obtocz w niej plasterki warzyw. Wymieszaj lodowatą wodę z żółtkami jaj i wmieszaj pozostałą mąkę w dwóch partiach. Najpierw wymieszaj mieszankę, aż będzie gładka, a następnie wymieszaj ją widelcem (nigdy trzepaczką!), tak aby ciasto miało dość grudkowatą konsystencję. Rozgrzej olej w głębokiej patelni. Przeciągnij posypane mąką warzywa przez ciasto i namocz je w gorącym oleju. Piecz do uzyskania złotego koloru z obu stron. Wyjmij i odsącz na papierowych ręcznikach. Ułóż i podawaj z przygotowanym sosem. Do sosu wymieszaj sos sojowy z wodą,

syropem klonowym, imbirem i pokrojoną w kostkę cebulką dymką.

41. Krewetka w cieście tempura

składniki

- 250 g ogonków krewetek (średniej wielkości, bez skorupy)
- 180 ml wody z lodem
- 50 g mąki ryżowej (alternatywnie skrobi kukurydzianej)
- 50 g mąki pszennej
- sól
- Mąka (aby uzyskać gładką masę)

- sos sojowy
- Pasta wasabikrenowa (i/lub sos chili jako dodatek)
- Olej (do głębokiego smażenia)

przygotowanie

1. W przypadku ciasta tempura wymieszaj lodowatą wodę z jajkiem, solą, mąką ryżową i pszenną, aż do uzyskania gładkiej konsystencji. Odetnij grzbiety krewetek, tak aby pozostał ostatni segment. Nacięcie nada im typowy kształt motyla podczas smażenia. Usuń wnętrzności. Rozgrzej dużo oleju w woku. Obtocz krewetki w gładkiej mące. Następnie przeciągnij przez ciasto jedną po drugiej, odcedź ciasto i smaż na gorącym tłuszczu (180°C) do uzyskania złotego koloru. Wyjmij i odcedź na papierze kuchennym. Podawaj z różnymi sosami do maczania.

42. Patelnia z kurczakiem i ryżem chili

składniki

- 8 golonek z kurczaka (małych)
- 1 opakowanie Knorr Basis Crispy Chicken Legs
- 1 kostka klarownej zupy Knorr
- 200 g Basmati Journey
- 4 pomidory (małe)
- 2 łyżki papryki w proszku
- 2 łyżki koncentratu pomidorowego
- 1 szt. Papryka (czerwona)
- Chili (do przyprawienia)
- Pietruszka (świeża)

przygotowanie

2. Aby przygotować ryż z kurczakiem i chilli, przygotuj golonki z kurczaka na bazie KNORR według instrukcji na opakowaniu.
3. W międzyczasie upiecz ryż w rondlu bez dodawania tłuszczu. Odtłuść trzykrotnie większą ilością wody i doprowadź do wrzenia z papryką w proszku, koncentratem pomidorowym i kostką zupy. Gotuj ryż z kurczakiem i chilli na patelni, aż ryż będzie miękki.
4. W międzyczasie pokrój paprykę i pomidory na duże kawałki i dodaj do kurczaka. Wymieszaj ugotowany ryż z golonkami i podawaj z pietruszką.

43. Pierożki

składniki

- 200 g mięsa mielonego
- 1/2 kawałka pora
- 3 liście kapusty pekińskiej
- 1 plaster(ki) imbiru (świeżego)
- 1 ząbek czosnku
- 1 łyżka sosu sojowego
- 1/2 łyżeczki soli
- Pieprz z młynka)
- 1 opakowanie liści wonton
- 1 łyżeczka oleju sezamowego
- 1/2 szklanki (szklanek) wody

Do sosu do maczania:

- 1/2 szklanki (s) sosu sojowego
- 1/2 szklanki (s) podróżnej
- 1 łyżeczka czosnku (drobno posiekanego)

przygotowanie

1. W przypadku gyoza najpierw krótko zblanszować liście kapusty pekińskiej, mocno je wycisnąć i pokroić na małe kawałki. Umyć pora i pokroić go na małe kawałki, tak jak kapustę pekińską. Obrać i drobno zetrzeć imbir i czosnek. Wymieszać kapustę pekińską, pora, mielone mięso, imbir, pieprz, sól, czosnek i sos sojowy.
2. Połóż arkusze ciasta na wierzchu i nałóż trochę nadzienia na środek. Lekko zwilż krawędź arkusza ciasta i dociśnij krawędzie, aby utworzyć półksiężyc.
3. Rozgrzej olej na patelni i smaż gyoza na średnim ogniu przez 2-3 minuty, aż spód będzie złocistobrązowy. Następnie dodaj wodę i smaż na przykrytej patelni, aż woda odparuje.

4. Do sosu do maczania wymieszaj sos sojowy z octem ryżowym i czosnkiem. Ułóż gyoza z sosem i podawaj.

44. Odmiany sushi i maki

składniki

Podstawowy przepis na ryż:

- 500g ryżu do sushi
- 2 łyżki octu ryżowego
- 1 łyżeczka cukru
- 1 łyżka soli

Klasyczne nigiri z łososiem:

- Wasabi
- Do maki z tuńczykiem:
- Arkusz yaki nori
- Wasabi

- tuńczyk

Do rolady kalifornijskiej:

- Wasabi
- ogórek
- awokado
- krewetka
- Nasiona sezamu (prażone)

Do rolady z ikrą rybią:

- Arkusz yaki nori
- Wasabi
- Ikra rybna
- cytrynowy

przygotowanie

1. W przypadku wersji sushi i maki najpierw przygotuj ryż.
2. W przypadku ryżu do sushi wypłucz ryż i odcedź go na 1 godzinę, następnie dodaj ryż z taką samą ilością wody i gotuj w wysokiej temperaturze. Następnie przykryj i zmień temperaturę z powrotem na średnią.

3. Gdy powierzchnia ryżu stanie się widoczna w garnku, przełącz z powrotem na najniższe ustawienie. Gdy woda wyparuje, podgrzej ją ponownie przez 1 minutę, a następnie wyjmij ryż z kuchenki i pozwól mu odparować przez 15 minut z zamkniętą pokrywką.
4. Wymieszaj ocet ryżowy, cukier i sól do marynaty i wymieszaj z jeszcze ciepłym ryżem długoziarnistym w misce do pieczenia. Odstaw do lekkiego ostygnięcia, ale nie wkładaj do lodówki, w przeciwnym razie ryż stanie się twardy.
5. W przypadku klasycznego nigiri z łososiem uformuj małe kulki z ryżu do sushi wilgotną ręką i dociśnij je. Posmaruj wasabi. Na wierzchu połóż duży plaster łososia. Ostrzeżenie: nigdy nie rób zbyt dużego sushi, aby móc cieszyć się nim na raz.
6. W przypadku maki z tuńczykiem połóż arkusz yaki nori na macie bambusowej. Przykryj cienką warstwą ryżu długoziarnistego. Posmaruj odrobiną wasabi. Połóż rząd wąskich pasków tuńczyka na wierzchu. Zwiń za pomocą maty bambusowej i pokrój rolkę na plasterki, aby uzyskać małe maki.

7. W przypadku California Roll przykryj matę bambusową folią spożywczą. Na wierzch połóż cienką warstwę ryżu. Posmaruj wasabi. Umieść po jednym pasku ogórka, awokado i krewetek na środku. Zwiń matę bambusową i obtocz gotową rolkę w prażonych ziarnach sezamu. Pokrój na małe plasterki.
8. Do ręcznego zwijania z ikrą rybną, nałóż łyżkę ryżu na arkusz yaki nori. Zwiń arkusz jak worek. Rozsmaruj trochę wasabi na ryżu i wypełnij ikrą rybną (łosoś, pstrąg itp.). Udekoruj małym kawałkiem cytryny.

45. Glazurowany kurczak z sezamem

składnik

- 1 kg pałek z kurczaka
- 50g imbiru
- 1 ząbek czosnku
- 100 ml Mirin (słodkie wino ryżowe; alternatywnie sherry)
- 100 ml sosu sojowego (japońskiego)
- 2 łyżki cukru
- sól
- 2 łyżki oleju sezamowego

przygotowanie

1. W przypadku kurczaka z sezamem należy umyć udka z kurczaka, a jeśli kupiłeś całe udka z kurczaka, przekroić je na pół.
2. Zdejmij skórkę z imbiru i zetrzyj go. Obierz i rozgnieć czosnek. Wymieszaj 1 1/2 łyżeczki imbiru i czosnku z cukrem, sosem sojowym, mirinem, szczyptą soli i kilkoma kroplami oleju sezamowego. Włóż mięso do marynaty tak, aby było dobrze pokryte ze wszystkich stron. Przykryj i odstaw do lodówki na co najmniej 3 godziny, najlepiej na jedną noc.
3. Wyjmij mięso z marynaty i pozwól mu dobrze odsączyć. Smaż na brązowo z obu stron w gorącym oleju. Zlej olej i zalej marynatą mięso. Gotuj na wolnym ogniu na zamkniętej patelni w niskiej temperaturze przez 20 minut.
4. Smaż mięso na otwartej patelni przez kolejne 5 minut, aż sos stanie się syropowaty. Kurczaka z sezamem najlepiej podawać z miską ryżu.

46. Japońska pieczona wieprzowina

składniki

- 600 g wieprzowiny (łopatka lub podudzie)
- sól
- Nasiona kminku
- 50g tłuszczu
- 10 gramów mąki
- 1 cebula (pokrojona w plasterki)
- 50 g selera (pokrojonego w plasterki)
- 1 łyżka musztardy
- woda

przygotowanie

1. W przypadku japońskiej pieczeni wieprzowej podsmaż cebulę i seler na gorącym tłuszczu. Natrzyj mięso kminkiem i solą, połóż na warzywach i podsmaż oba.
2. Po 1/2 godziny zalej wodą. Chwilę później dodaj musztardę. Na koniec oprósz sokiem, doprowadź do wrzenia i przecedź. Podawaj japońską pieczoną wieprzowinę.

47. Okonomyaki

składniki

- 300g mąki
- 200 ml wody
- 2 jajka
- 1 główka białej kapusty
- 10 plastrów boczku
- 10 plastrów mięsa z indyka
- 5 grzybów

przygotowanie

1. Na okonomiyaki składniki razem i smaż z obu stron na patelni. Udekoruj sosem okonomi i katsubushi (płatkami suszonej ryby) i japońskim majonezem, jeśli jest dostępny.

48. Maki

składniki

- 4 arkusze nori
- 1 szklanka (szklanek) ryżu do sushi (okrągłoziarnistego)
- 1 awokado
- ½ ogórka
- 1 marchewka
- 50g łososia
- 2 paluszki surimi
- 1 łyżeczka wasabi
- 2 łyżki octu ryżowego
- cukier

- sos sojowy

przygotowanie

1. W przypadku maki ryż do sushi płucz w durszlaku zimną wodą, aż woda będzie czysta. Jest to ważne, aby usunąć skrobię, a ryż, który jest dobrze klejący, nie przyklejał się za bardzo.
2. Przygotuj ryż zgodnie z instrukcją na opakowaniu, dopraw octem ryżowym, solą morską i odrobiną cukru. Włóż ryż do dużej miski i podziel go, aby szybciej ostygł.
3. Pokrój umyte warzywa i łososia w paski. Połóż arkusz nori na macie bambusowej i rozłóż cienko z gotowym ryżem sushi do górnej krawędzi, ok. 2 cm. Działa lepiej, gdy masz mokre ręce.
4. Rozłóż trochę pasty wasabi na wierzchu ryżu. Wymieszaj warzywa, łososia lub surimi według uznania, porcję na środek ryżu. Następnie zwiń za pomocą maty bambusowej. Przyklej koniec arkusza nori wodą. Schłodź gotowe maki i pokrój na plasterki przed podaniem. Podawaj z sosem sojowym.

49. Roladki wołowe z młodymi marchewkami

składniki

- 500 g wołowiny (pokrojonej w bardzo cienkie plasterki)
- 24 młode marchewki (lub 1 1/2 marchewki)
- sól
- Skrobia kukurydziana
- 1 łyżka mirinu
- 1 łyżka sosu sojowego
- pieprz

przygotowanie

1. Do roladek wołowych wymieszaj mirin i sos sojowy w misce. Pokrój marchewki na ćwiartki i włóż do pojemnika do mikrofalówki z wodą.
2. Gotuj w mikrofalówce przez 3-4 minuty. Posól i popieprz wołowinę i zwiń 2 pokrojone na ćwiartki marchewki w 1 plasterek. Obtocz gotowe bułki w mące kukurydzianej.
3. Rozgrzej olej na patelni i usmaż na nim roladki. Zalej sosem i pozwól mu zgęstnieć. Podawaj roladki wołowe z ryżem lub sałatką.

50. Azjatycki makaron z wołowiną

składniki

- 200 g makaronu udon
- 300g wołowiny
- 1 por (y)
- 1 łyżka sosu sojowego
- 1 limonka
- 1 łyżeczka chili (zmielonego)
- 3 łyżki oleju sezamowego (do smażenia)
- 50 g kiełków fasoli

przygotowanie

1. W przypadku makaronu azjatyckiego z wołowiną ugotuj makaron zgodnie z instrukcją na opakowaniu.
2. Drobno posiekaj pora i pokrój wołowinę w kostkę. Rozgrzej olej i podsmaż na nim pora i wołowinę.
3. Dodaj kiełki fasoli, sok z limonki, płatki chilli oraz sos sojowy i smaż przez kolejne 2 minuty.
4. Wymieszaj azjatyckie kluski z wołowiną i podawaj.

PRZEPISY WARZYWNE

51. Mały talerz sashimi

składniki

- 300-400 g łososia, tuńczyka, ryby maślanej i/lub dorsza
- kilka paluszków surimi (paluszki krabowe)
- 1/2 awokado
- Sok z cytryny
- 1 ogórek (mały)
- Rzodkiewki (białe i marchewkowe)

- Imbir (marynowany, do smaku)
- Do sosu do maczania:
- sos sojowy
- Wino podróżne
- Pasta wasabikrenowa

przygotowanie

1. Użyj ostrego noża, aby pokroić filety rybne - ostrożnie odkostnione, jeśli to konieczne - na kawałki wielkości kęsa lub plasterki i umieść w chłodnym miejscu. Obierz połówkę awokado, pokrój miąższ w paski i natychmiast zamarynuj w odrobinie soku z cytryny. Pokrój lub zetrzyj obranego ogórka, rzodkiewkę i marchewkę w bardzo cienkie paski. Rozcieńcz sos sojowy odrobiną wina ryżowego i rozłóż do małych miseczek. Ułóż kawałki ryby i paluszki surimi dekoracyjnie na półmisku. Udekoruj przygotowanymi warzywami i podawaj z sosem sojowym i pastą wasabi. Przy stole wymieszaj więcej lub mniej pasty wasabi z sosem sojowym. Teraz zanurz kawałek ryby w sosie sojowym i delektuj się nią z warzywami.

52. Kawior Keta na puree daikon

składniki

- 120 g kawioru keta
- 300 g rzodkwi daikon (japońskiej rzodkwi, alternatywnie innych łagodnych rzodkiewek)
- 3 łyżki sosu sojowego
- 4 liście zielonej sałaty
- 1 łyżeczka soku z cytryny
- 1 łyżeczka świeżo startego imbiru
- Pasta wasabikrenowa do woli

przygotowanie

1. Aby przygotować kawior keta na puree z rzodkwi daikon, ułóż umyte, odsączone liście

sałaty na 4 talerzach. Zetrzyj rzodkiewkę na drobnej tarce i umyj w zimnej wodzie. Dobrze odcedź na sicie i podziel na 4 talerze. Wymieszaj kawior keta z sosem sojowym i podawaj na puree z rzodkwi daikon. Na wierzchu połóż starty imbir i skrop odrobiną soku z cytryny. Podawaj z wasabi, jeśli lubisz.

53. Sałatka Koknozu z ciecierzycą

składniki

- 80 g ciecierzycy
- 40 g zielonej soczewicy
- 40 g soczewicy czerwonej
- 80 g brązowego ryżu
- 1 arkusz wodorostów nori, 30 x 20 cm
- 1/2 papai
- 4 łyżki płatków bonito (alternatywnie pokrojonych w kostkę pieczonych boczków)
- Sałatka frisé do dekoracji według uznania
- sól
- 1/2 łyżeczki oleju sezamowego
- 8 łyżek octu sushi

przygotowanie

1. Namocz ciecierzycę na noc i gotuj do miękkości następnego dnia. Soczewicę namocz w zimnej wodzie przez 1 godzinę, a następnie gotuj al dente. Gotuj brązowy ryż do miękkości przez około 20 minut. (Ryż nie może być jednak gotowany zbyt długo, ponieważ skórka może pęknąć.)
2. W międzyczasie pokrój arkusz nori na bardzo cienkie paski. Obierz i usuń pestki z papai, pokrój na małe kawałki. Zmiksuj mikserem. Teraz ułóż warstwami w małych miseczkach lub szklankach zieloną i czerwoną soczewicę, brązowy ryż i na końcu ciecierzycę. Rozrzuć paski nori i płatki bonito na wierzchu i udekoruj sałatką frisée, jeśli lubisz. Do sosu wymieszaj puree z papai z solą, olejem sezamowym i octem i podawaj w osobnej misce. Dokładnie wymieszaj przy stole.

54. Tempura warzywna

składniki

- Mieszane warzywa (wg oferty)
- sól
- Olej roślinny

Do ciasta tempura:

- 200 g mąki pszennej
- 200 g mąki ze słodkich ziemniaków (alternatywnie mąki ziemniaczanej)
- 2 łyżki cukru
- 1/2 łyżki soli
- 300 ml lodowatej wody
- 4 żółtka jaj

Do sosu:

- 5 łyżek sosu sojowego
- 5 łyżek wody
- 2 łyżki syropu klonowego
- Trochę posiekanego imbiru
- 1 posiekana szczypiorkowa cebula

przygotowanie

2. Pokrój oczyszczone warzywa po skosie na plasterki o grubości około 3 mm i lekko posól. Do ciasta przesiej oba rodzaje mąki z cukrem i solą. Odłóż około jednej trzeciej i obtocz w niej plasterki warzyw. Wymieszaj lodowatą wodę z żółtkami jaj i wmieszaj pozostałą mąkę w dwóch partiach. Najpierw wymieszaj mieszankę, aż będzie gładka, a następnie wymieszaj ją widelcem (nigdy trzepaczką!), tak aby ciasto miało dość grudkowatą konsystencję. Rozgrzej olej w głębokiej patelni. Przeciągnij posypane mąką warzywa przez ciasto i namocz je w gorącym oleju. Piecz do uzyskania złotego koloru z obu stron. Wyjmij i odsącz na papierowych ręcznikach. Ułóż i podawaj z przygotowanym sosem. Do sosu wymieszaj sos sojowy z wodą,

syropem klonowym, imbirem i pokrojoną w kostkę cebulką dymką.

55. Maki warzywne

składniki

- 4 sztuki. Arkusze nori
- 3 łyżki japońskiej torby podróżnej
- 1 szklanka (szklanek) ryżu do sushi (ok. 250g)
- 2 łyżki cukru
- 1 łyżka soli

- Warzywa (do smaku np. ogórek, marchewka, burak żółty, awokado)
- 1 butelka(i) sosu sojowego (mała)
- Pasta wasabi (do smaku)

przygotowanie

1. Aby przygotować maki warzywne, ryż dokładnie umyj i namocz w zimnej wodzie przez co najmniej godzinę.
2. Zagotuj ryż w 300 ml wody i gotuj na małym ogniu przez 10 minut. Następnie przełóż do miski i pozostaw do ostygnięcia.
3. Zagotuj ocet, cukier i sól, po czym natychmiast dodaj je do ryżu.
4. Obierz warzywa i pokrój je w długie paski. Jeśli jesz warzywa korzeniowe, ugotuj je wcześniej al dente.
5. Zwilż arkusz nori i połóż na bambusowym rulonie. Rozłóż na nim trochę ryżu. Umieść warzywa na środku, a następnie ciasno zwiń maki.
6. Pokrój maki warzywne ostrym nożem na plasterki o grubości ok. 2,5-3 cm, dodaj sos

sojowy, wasabi (do smaku) i pałeczki i podawaj natychmiast.

56. Onigiri z czerwoną kapustą i wędzonym tofu

składniki

- 50 g wędzonego tofu
- 50 g czerwonej kapusty
- sól
- 300 g Sushi Podróż
- 3 łyżki octu ryżowego
- 1 łyżka cukru
- 8 arkuszy nori (lub więcej; pokrojonych na prostokąty 3 x 6 cm)
- Sos sojowy (do podania)

przygotowanie

1. Aby przygotować onigiri z czerwoną kapustą i wędzonym tofu, najpierw drobno posiekaj wędzone tofu i czerwoną kapustę, a następnie wymieszaj je w misce z odrobiną soli.
2. Ryż płuczemy na sicie pod bieżącą wodą, aż woda będzie wyraźnie spływać. Wlewamy 600 ml wody do rondla, dodajemy ryż, doprowadzamy do wrzenia. Wyłączamy i odstawiamy ryż pod przykryciem na około 15 minut.
3. Do jeszcze gorącego ryżu dodaj ocet, cukier, tofu i czerwoną kapustę, wymieszaj, rozłóż na blasze do pieczenia i pozostaw do ostygnięcia.
4. Wyjmij ryż w około 8 równych porcjach, uformuj z każdej kulki i najlepiej uformuj je przy użyciu foremki do onigiri.
5. Na spodzie onigiri połóż prostokątny płat nori, ułóż na talerzu i podawaj onigiri z czerwoną kapustą i wędzonym tofu z sosem sojowym, jeśli lubisz.

57. Yaki-Tori (grillowane szaszłyki z kurczaka)

składniki

- 400 g luźnych pałek z kurczaka
- 2 kawałki pora (cienkie)
- 200 ml zupy z kurczaka
- 120 ml japońskiego sosu sojowego
- 2 łyżki cukru

przygotowanie

1. Aby przygotować yaki tori, namocz osiem drewnianych szpikulców w wodzie i pozostaw na noc.

2. Pokrój kurczaka w mniejsze kostki lub kawałki (około 2,5 cm wielkości). Umyj pora i pokrój na kawałki o długości 3 cm.
3. Zagotuj na krótko zupę z kurczaka z sosem sojowym i cukrem na dużym ogniu. Teraz nałóż na szaszłyki naprzemiennie kostki kurczaka i pory. Zanurz szaszłyki w sosie, odcedź i umieść na rozgrzanej płycie grillowej.
4. Grilluj, aż będą złocistobrązowe z obu stron. W międzyczasie smaruj szaszłyki yaki-tori sosem raz po raz.

58. Odmiany sushi i maki

składniki

Podstawowy przepis na ryż:

- 500g ryżu do sushi
- 2 łyżki octu ryżowego
- 1 łyżeczka cukru
- 1 łyżka soli

Klasyczne nigiri z łososiem:

- Wasabi
- Do maki z tuńczykiem:
- Arkusz yaki nori
- Wasabi

- tuńczyk

Do rolady kalifornijskiej:

- Wasabi
- ogórek
- awokado
- krewetka
- Nasiona sezamu (prażone)

Do rolady z ikrą rybią:

- Arkusz yaki nori
- Wasabi
- Ikra rybna
- cytrynowy

przygotowanie

1. W przypadku wersji sushi i maki najpierw przygotuj ryż.
2. W przypadku ryżu do sushi wypłucz ryż i odcedź go na 1 godzinę, następnie dodaj ryż z taką samą ilością wody i gotuj w wysokiej temperaturze. Następnie przykryj i zmień temperaturę z powrotem na średnią.
3. Gdy powierzchnia ryżu stanie się widoczna w garnku, przełącz z powrotem na najniższe ustawienie. Gdy woda wyparuje, podgrzej ją

ponownie przez 1 minutę, a następnie wyjmij ryż z kuchenki i pozwól mu odparować przez 15 minut z zamkniętą pokrywką.
4. Wymieszaj ocet ryżowy, cukier i sól do marynaty i wymieszaj z jeszcze ciepłym ryżem długoziarnistym w misce do pieczenia. Odstaw do lekkiego ostygnięcia, ale nie wkładaj do lodówki, w przeciwnym razie ryż stanie się twardy.
5. W przypadku klasycznego nigiri z łososiem uformuj małe kulki z ryżu do sushi wilgotną ręką i dociśnij je. Posmaruj wasabi. Na wierzchu połóż duży plaster łososia. Ostrzeżenie: nigdy nie rób zbyt dużego sushi, aby móc cieszyć się nim na raz.
6. W przypadku maki z tuńczykiem połóż arkusz yaki nori na macie bambusowej. Przykryj cienką warstwą ryżu długoziarnistego. Posmaruj odrobiną wasabi. Połóż rząd wąskich pasków tuńczyka na wierzchu. Zwiń za pomocą maty bambusowej i pokrój rolkę na plasterki, aby uzyskać małe maki.
7. W przypadku California Roll przykryj matę bambusową folią spożywczą. Na wierzch połóż cienką warstwę ryżu. Posmaruj wasabi. Umieść po jednym pasku ogórka, awokado i

krewetek na środku. Zwiń matę bambusową i obtocz gotową rolkę w prażonych ziarnach sezamu. Pokrój na małe plasterki.
8. Do ręcznego zwijania z ikrą rybną, nałóż łyżkę ryżu na arkusz yaki nori. Zwiń arkusz jak worek. Rozsmaruj trochę wasabi na ryżu i wypełnij ikrą rybną (łosoś, pstrąg itp.). Udekoruj małym kawałkiem cytryny.

59. Maki z tuńczykiem, awokado i shiitake

składniki

Do ryżu:

- 400 g Sushi Podróż
- 650 ml wody z kranu
- 1 1/2 łyżki octu ryżowego
- sól
- cukier

Do pokrycia:

- Tuńczyk (pokrojony w cienkie paski)
- Pasta wasabi
- 4 plasterki nori

- Shiitake (suszone, namoczone)
- 2 sztuki awokado (pokrojone w cienkie plasterki, skropione sokiem z cytryny)

przygotowanie

1. Do maki z tuńczykiem, awokado i shiitake najpierw przygotuj ryż do sushi. Aby to zrobić, dokładnie opłucz ryż zimną wodą i odcedź go na sicie przez około 30 minut.
2. Zagotuj ryż w rondlu z wodą z kranu i odrobiną soli w wysokiej temperaturze i gotuj na kuchence przez minutę, bulgocząc. Zamknij rondel i gotuj ryż na parze w najniższej temperaturze przez 15 minut.
3. Wymieszaj ocet ryżowy drewnianą szpatułką. Aby to zrobić, trzymaj szpatułkę po przekątnej i wzdłuż, aby ryż nie był odpowiednio wymieszany, ale cięty jak nóż kuchenny. W ten sposób pozostanie bardziej ziarnisty niż przy normalnym mieszaniu. Pozostaw do ostygnięcia.
4. W międzyczasie przygotuj matę bambusową. Połóż na niej arkusz nori. Następnie rozłóż ryż cienko na wierzchu. Rozłóż na wierzchu trochę wasabi. Na wierzchu ułóż jeden rząd

tuńczyka, awokado i shiitake. Zwiń za pomocą maty bambusowej.
5. Przed podaniem pokrój maki z tuńczykiem, awokado i grzybami shiitake na plasterki ostrym nożem, aby uzyskać charakterystyczny kształt i wielkość.

60. Maki z łososiem, ogórkiem i awokado

składniki

- 400 g ryżu do sushi (zobacz link w tekście)
- 3 arkusze nori
- Do pokrycia:
- 200 g łososia (świeżego)
- 200 g awokado (nie za miękkie)
- 200 g ogórka
- Wasabi

przygotowanie

1. Do maki z łososiem, ogórkiem i awokado najpierw przygotuj ryż sushi według podstawowego przepisu. Pokrój łososia, ogórka i awokado w cienkie paski.

2. Połóż po jednym arkuszu nori na macie łykowej, połóż cienką warstwę ryżu na wierzchu, posyp odrobiną wasabi i ułóż w rzędzie paski łososia, ogórka i awokado. Zwiń razem z matą.
3. Pokrój maki na plasterki ostrym nożem kuchennym i ułóż na talerzu z łososiem, ogórkiem i awokado.

61. Maki z krewetkami, ogórkiem i shiitake

składniki

- Ryż do sushi (zobacz link w tekście)
- Ogórek
- Krewetki (np. Ama Ebi)
- Shiitake (suszone)
- 3 arkusze nori
- Wasabi

przygotowanie

1. Aby przygotować maki z krewetkami, ogórkiem i grzybami shiitake, najpierw przygotuj ryż do sushi według podstawowego przepisu.

2. Namocz shiitake w wodzie, a następnie pokrój w paski. Wydrąż ogórka i pokrój w paski o grubości 1/2 cm. Pokrój również krewetki w paski.
3. Najpierw połóż arkusz nori na bambusowej macie. Rozłóż ryż cienko na wierzchu, pozostawiając jeden brzeg wolny. Umieść rząd z krewetkami, ogórkiem i shiitake. Zwiń za pomocą bambusowej maty, mocno wbijając.
4. Pokrój rolki po skosie na 3-4 równe części i podawaj maki z krewetkami, ogórkiem i grzybami shiitake.

62. Chipsy z cukinii i parmezanu

składniki

- 2-3 kawałki cukinii (umyte, pokrojone na plasterki o grubości 1 cm)
- sól morska
- Pieprz z młynka)
- Olej roślinny (do głębokiego smażenia)
- Do panieru:
- 2 szt. Właściciele
- 120g panko
- 60 g mąki (uniwersalnej)
- 60 g parmezanu (drobno startego)

przygotowanie

1. Aby przygotować chipsy z cukinii i parmezanu, dopraw plasterki cukinii solą morską i pieprzem.
2. Wymieszaj panko i starty parmezan, ubij jajka.
3. Plasterki cukinii obtocz w mące, posmaruj roztrzepanym jajkiem i obtocz w mieszance panko i parmezanu.
4. Piec w gorącym tłuszczu w temperaturze 170–180°C, aż do uzyskania chrupiącej i złotej skórki.
5. Chipsy z cukinii i parmezanu najlepiej smakują świeże!

63. Pajęczyny japońskie

składniki

- 5 - 6 gałązek kapusty japońskiej
- 2 marchewki (duże)
- 4 - 5 łyżek bitej śmietany
- 1 łyżka masła
- 1 łyżeczka soli ziołowej
- Pieprz (mały)

przygotowanie

1. W przypadku łodyg kapusty japońskiej obierz liście i włóż je do durszlaka. Umyj łodygę i pokrój na kawałki 5 mm. Umyj liście i

pokrój na drobne makarony. Pokrój marchewki w kostkę.
2. Rozgrzej masło, zeszklij pokrojoną w kostkę marchewkę i kapustę japońską, lekko je zrumień, następnie dodaj bitą śmietanę i 125 ml wody, dopraw i gotuj na wolnym ogniu przez około 5 minut.
3. Dodaj posiekane liście i gotuj przez kolejne 2 minuty.

64. Maki sushi z tuńczykiem i ogórkiem

składniki

- 1 sztuka ogórka (100 g)
- 100 gramów tuńczyka (bardzo świeżego)
- 3 Nori (suszone wodorosty)
- 1 Przepis na ryż do sushi (podstawowy przepis na ryż do sushi)
- 2 łyżki wasabi (zielonej pasty chrzanowej)

przygotowanie

5. Obierz ogórka i przekrój go wzdłuż na pół. Usuń pestki łyżką i pokrój ogórka wzdłuż na

paski. Pokrój tuńczyka na paski o grubości około 5 mm. Przekrój arkusze nori na pół.

Sushi w rolce:

6. Aby to zrobić, połóż folię spożywczą na bambusowej macie i połowę arkusza nori na wierzchu. Zwilż dłonie wodą. Rozłóż trochę ryżu do sushi na wysokość około 1 cm na arkuszu nori, pozostawiając 1 cm wolnego miejsca na górze. Nie dociskaj ryżu zbyt mocno. Połóż cienki pasek wasabi na dolnej trzeciej części liścia (uważaj, jest bardzo gorący!). Połóż ogórka lub tuńczyka na wierzchu.
7. Używając maty bambusowej, ostrożnie zwiń nadzienie z arkuszem nori, owijając folię spożywczą wokół rolki. Dociśnij rolkę na miejsce za pomocą maty. Dociśnij rolkę lekko płasko na jednym długim boku dłońmi, dzięki temu rolki nabiorą później kształtu łezki.)
8. Zrób 5 kolejnych bułek, jak opisano. Pokrój bułki na 8 równych kawałków ostrym nożem, który jest wielokrotnie zanurzany w zimnej wodzie.

65. Ura Makis z awokado

Składniki

- 2 awokado (dojrzałe)
- 250 g ryżu (ryż do sushi, ryż krótkoziarnisty)
- 1 łyżka octu ryżowego
- 3 liście nori (algi morskie)
- 1 łyżeczka soli
- 1 łyżeczka cukru

przygotowanie

1. W przypadku awokado Ura Makis najpierw umyj surowy ryż pod bieżącą wodą, aż woda będzie wyraźnie spływać. Gotuj ryż na małym ogniu przez 12 minut. Pozostaw ugotowany ryż do ostygnięcia na płaskim talerzu przez 10 minut.
2. Wymieszaj ocet ryżowy z solą i cukrem i polej ryż. Dobrze wymieszaj drewnianą łyżką.
3. Podziel ryż na 6 równych części i rozłóż jedną równomiernie na bambusowej macie. Teraz połóż arkusz nori błyszczącą stroną do dołu i rozłóż na nim kolejny kawałek ryżu, pozostawiając tutaj 2 cm wolnego miejsca.
4. Obierz awokado, usuń pestkę i pokrój w szerokie paski. Umieść 2-3 paski (w zależności od długości) w środku pierwszej tercji ryżu. Teraz rozwałkuj równomiernie, za pomocą maty bambusowej, od góry do dołu.
5. Awokado Ura Maki pokroić ostrym nożem na paski o szerokości 1,5 cm.

66. zupa słodko-kwaśna

składniki

- 150 g piersi z kurczaka (lub alternatywnie 1 puszka tuńczyka)
- 1-2 l zupy z kurczaka
- 1/2 łyżeczki soli
- 2 łyżki sosu sojowego
- 1 łyżka octu
- 1. Ketchup
- 1 garść smardzów
- 1 garść grzybów shiitake
- 2 wózki
- 2 łyżki oleju arachidowego
- 3 łyżki skrobi

przygotowanie

1. Do przygotowania zupy należy przygotować bulion z kurczaka dzień wcześniej lub rozpuścić 2 kostki rosołu w gorącej wodzie.
2. Drobno pokrój kurczaka i wymieszaj z marynatą z sosu sojowego, soli, octu i ketchupu. Pozostaw do zaparzenia na co najmniej 30 minut.
3. Pokrój smardze i grzyby shitake i zetrzyj marchewki. Rozgrzej olej arachidowy w woku i podsmaż w nim kurczaka.
4. Odglazuruj ciepłą zupą z kurczaka i doprowadź do wrzenia. Dodaj marchewki, smardze i grzyby shitake i gotuj na wolnym ogniu.
5. Rozpuść skrobię w 5 łyżkach ciepłej wody i powoli wmieszaj do zupy. Ponownie doprowadź do wrzenia. Rozbij jajka w misce i dobrze rozbij.
6. Teraz szybko dodawaj mieszankę jajeczną do gorącej zupy za pomocą łyżki stołowej - wykonuj okrężne ruchy, aby jajko dobrze się rozprowadziło.
7. Doprawić do smaku solą, pieprzem i cukrem.

67. Warzywa z woka z mięsem

składniki

- 400g wieprzowiny
- 580 g smażonych warzyw (igloo)
- 6 łyżek oleju rzepakowego
- majeranek
- tymianek
- sól
- pieprz

przygotowanie

1. Do smażonych warzyw z mięsem najpierw pokrój wieprzowinę w kostkę i namocz ją w mieszance oleju rzepakowego, soli, pieprzu,

majeranku i tymianku. Pozostaw do zaparzenia na co najmniej 3 godziny, najlepiej na całą noc.
2. Włóż wieprzowinę do woka bez dodatkowego oleju i smaż, aż będzie gorąca. Dodaj warzywa z woka i poczekaj, aż woda wyparuje.
3. Następnie wszystko razem smaż. Smażone warzywa z mięsem są również smaczne z solą i pieprzem i podawane.

68. Tuńczyk z kiełkami chili

składniki

- 180 g filetu z tuńczyka (świeżego)
- 1 papryczka chili
- 1 ząbek czosnku
- 50 g kiełków fasoli
- 50 g kiełków soczewicy
- 2 cebulki dymki
- 1 łyżka sosu chili
- 1 łyżka sosu ostrygowego
- 1 łyżka sosu sojowego
- 1 szczypta mąki kukurydzianej
- sól
- pieprz

- Olej sezamowy (do smażenia)

przygotowanie

1. Pokrój filet z tuńczyka w kostki o wymiarach 2 cm. Przekrój papryczkę chili wzdłuż na pół, usuń rdzeń i drobno posiekaj ząbek czosnku. Drobno posiekaj cebulę dymkę. Rozgrzej olej sezamowy w patelni wok. Dodaj cebulę dymkę, chili i czosnek i podsmaż je. Dodaj kiełki i dopraw wszystko solą i pieprzem. Na koniec dopraw sosem chili. Wyjmij warzywa ponownie i trzymaj je w cieple. Teraz wytrzyj patelnię wok papierem kuchennym. Ponownie rozgrzej olej sezamowy i krótko podsmaż kostki tuńczyka ze wszystkich stron (powinny być nadal soczyste w środku). W międzyczasie wymieszaj sos ostrygowy, sos sojowy, skrobię kukurydzianą i około 2 łyżki wody. Polej tuńczyka tym pikantnym sosem. Ułóż kiełki ostrej papryczki na talerzach i połóż kostki tuńczyka na wierzchu.

69. Tempura z łososia i warzyw

składniki

- 150 g filetu z łososia
- 150 g warzyw (jeśli lubisz - szczypiorek, gotowane ziemniaki..)
- 50 g mąki tempura (dostępnej w sklepie Asia Shop)
- 80 ml wody mineralnej (zimnej)
- trochę soli
- Olej do smażenia)
- sos sojowy
- Pasta wasabikrenowa (i imbir jako dodatek)

przygotowanie

1. Łososia pokroić w paski o wymiarach 5 x 2 cm. Warzywa pokroić w kawałki wielkości kęsa lub paski. Wymieszać gładkie ciasto tempura z mąki, wody mineralnej i szczypty soli za pomocą trzepaczki. Rozgrzać olej na odpowiedniej patelni lub woku. Przełożyć kawałki łososia i warzywa przez ciasto i smażyć je pływając w tłuszczu na bardzo wysokim ogniu (ok. 180°C) przez około pół minuty. (Nigdy nie dodawać zbyt dużo smażonego jedzenia na raz, raczej pracować w kilku porcjach, aby olej nie wystygł.) Wyjąć gotową tempurę, dobrze odsączyć na papierze kuchennym i podawać z sosem sojowym, wasabi i marynowanym imbirem.

70. Japońska sałatka z makaronem

składniki

- 2 liście kapusty pekińskiej
- 5 cebulek dymki (zielone)
- 1 marchewka (blanszowana)
- 250 kg makaronu (według własnego wyboru)
- 3 plasterki szynki (gotowanej)
- 1/2 ogórka (obranego)

Sos:

- 3 łyżki sosu sojowego Tamari
- 2 łyżki cukru
- 5 łyżek zupy z kurczaka
- 1 łyżeczka wasabi (chrzanu w proszku)

- 1 łyżeczka oleju sezamowego
- 3 łyżki octu ryżowego

Omlet:

- 2 jajka
- 1 łyżka wody
- 1 łyżeczka mąki kukurydzianej

przygotowanie

2. Do japońskiej sałatki z makaronem rozpuść cukier w occie. Wymieszaj z pozostałymi składnikami sosu.
3. Wymieszaj 2 ubite jajka, łyżkę wody i 1 łyżeczkę kukurydzy w mieszance omletowej i usmaż na patelni z odrobiną oleju. Następnie pokrój w paski.
4. Pokrój wszystkie pozostałe składniki na małe kawałki. Odłóż marchewkę i liście kapusty pekińskiej na bok, wymieszaj resztę w misce sałatkowej.
5. Makaron gotujemy do miękkości, na koniec dodajemy kapustę i marchewkę.
6. Odcedź i krótko opłucz zimną wodą. Dodaj do miski sałatkowej i zamarynuj w sosie. Pozostaw japońską sałatkę z makaronem do namoczenia i podawaj.

PRZEPISY NA ZUPY

71. Zupa miso z grzybami shiitake

składniki

- 3 grzyby shiitake (suszone)
- 8 g wakame (suszonego)
- 1200 ml wody (do zupy)
- 3 łyżki pasty miso
- 115 g tofu (pokrojonego w kostkę)
- 1 cebula dymka (tylko zielona)

przygotowanie

1. Do zupy miso z grzybami shiitake najpierw umieść suszone grzyby i glony wakame oddzielnie w ciepłej wodzie na 20 minut, a następnie odcedź. Pokrój w cienkie plasterki.
2. Zagotuj wodę, dodaj pastę miso, dodaj grzyby i gotuj przez 5 minut na małym ogniu.
3. Równomiernie rozłóż tofu i algi w 4 podgrzanych kubkach do zupy, dopełnij zupą miso z grzybami shiitake i posyp szczypiorkiem.

72. Wegańska zupa miso

składniki

- 1 litr zupy warzywnej
- 4 łyżeczki pasty miso (jasnej)
- 6 grzybów shiitake
- 1/2 łyżki oleju sezamowego
- 1 łyżka sosu sojowego
- 1/2 łyżeczki proszku imbirowego
- 150g tofu
- 1 łyżka wakame

przygotowanie

1. W przypadku wegańskiej zupy miso namocz glony wakama przez 15 minut i dobrze odcedź. Pokrój grzyby shitake na małe kawałki i wymieszaj z zupą warzywną, olejem sezamowym, sosem sojowym i imbirem w rondlu. Gotuj zupę przez 5 minut.

2. Pokrój wakameae i tofu na małe kawałki i dodaj do rondla. Zdejmij zupę z ognia i wmieszaj pastę miso. Danie z wegańską zupą miso i podawaj.

73. Zupa ramen z chrzanem

składniki

- ½ łodygi Allium (poru)
- 1 cebula
- 2 ząbki czosnku
- 80 gramów imbiru (świeżego)
- 2 łyżki oleju
- 1 golonka wieprzowa
- 1 kilogram skrzydełek z kurczaka
- sól
- 2 sztuki (algi kombu; algi suszone; sklep azjatycki)
- 30 gramów suszonego shiitake
- 1 pęczek cebulki dymki

- 2 łyżki nasion sezamu (jasnych)
- 1 arkusz nori
- 6 jajek
- 300 gramów makaronu ramen
- 50 gramów miso (jasnego)
- 2 łyżki Mirinu (japońskiego białego wina)
- 65 gramów chrzanu
- Olej sezamowy (prażony)

przygotowanie

1. Oczyść i umyj pora, pokrój na duże kawałki. Obierz cebulę i czosnek, pokrój cebulę na ćwiartki. Umyj 60 g imbiru i pokrój w plasterki. Rozgrzej olej na patelni. Podsmaż w nim pora, cebulę, czosnek i imbir na wysokim ogniu, aż będą jasnobrązowe.
2. Usmażone warzywa z opłukaną golonką wieprzową i skrzydełkami kurczaka włóż do dużego rondla i zalej 3,5 litra wody. Doprowadź wszystko powoli do wrzenia i gotuj na małym ogniu bez przykrycia przez około 3 godziny. Zbierz pianę. Po 2 godzinach dopraw bulion solą.
3. Przelej bulion przez drobne sitko do innego rondla (pojemność ok. 2,5-3 l). Odtłuść bulion. Wytrzyj glony kombu wilgotną

ściereczką. Dodaj grzyby shiitake i glony kombu do gorącego bulionu i odstaw na 30 minut.
4. Oddziel golonkę od skóry, tłuszczu i kości i pokrój na kawałki wielkości kęsa. Nie używaj skrzydełek kurczaka do zupy (patrz wskazówka).
5. Obierz resztę imbiru i pokrój w cienkie paski. Oczyść i umyj szczypiorek, pokrój w cienkie krążki i włóż do zimnej wody. Podpraż nasiona sezamu na suchej patelni, aż będą jasnobrązowe. Pokrój wodorosty nori na ćwiartki, krótko podpraż na suchej patelni i pokrój w bardzo cienkie paski. Wybierz jajka, gotuj we wrzącej wodzie przez 6 minut, opłucz zimną wodą, ostrożnie obierz. Makaron gotuj we wrzącej wodzie przez 3 minuty, przełóż na sito, krótko opłucz zimną wodą, a następnie odcedź.
6. Wyjmij grzyby i algi combi z bulionu. Usuń nóżki grzybów, drobno posiekaj kapelusze grzybów, nie używaj już algi combi. Podgrzej bulion (nie gotuj). Wymieszaj z pastą miso i mirin, dodaj posiekane grzyby shiitake. Odcedź cebulę dymkę w durszlaku. Obierz chrzan.

7. Rozdziel bulion do misek. Dodaj golonkę wieprzową, makaron, przekrojone na pół jajka, nasiona sezamu, imbir, szczypiorek i wodorosty nori. Podawaj z dużą ilością świeżo startego chrzanu i oleju sezamowego.

74. Zupa miso z tofu i makaronem soba

składniki

- Soba (makaron soba: spaghetti z gryki i pszenicy)
- 2 łyżeczki oleju sezamowego (prażonego)
- 1 łyżka nasion sezamu
- 4 cebulki dymki
- 2 mini ogórki
- 100 gram liści szpinaku
- 200 gramów tofu
- 1¼ litra bulionu warzywnego
- 1 kawałek imbiru (ok. 20 g)
- 2 łyżeczki (glonów wakame instant)

- 2½ łyżki Shiro miso (pasta z ekologicznego lub azjatyckiego sklepu)
- Liście kolendry (do dekoracji)

przygotowanie

1. Ugotuj makaron soba zgodnie z instrukcją na opakowaniu. Przełóż na sito, dobrze odcedź i wymieszaj z olejem sezamowym. Podpraż nasiona sezamu na patelni nieprzywierającej, aż będą złocistobrązowe. Zdejmij z kuchenki i pozostaw do ostygnięcia.
2. Oczyść i umyj cebulę dymkę, pokrój białą i jasnozieloną część w cienkie krążki. Umyj ogórki i pokrój w słupki o długości około 3 cm. Posortuj szpinak, umyj i osusz, usuwając grube łodygi. Osusz tofu i pokrój w kostki o wymiarach 2 cm.
3. Doprowadź bulion do wrzenia w rondlu. Obierz imbir i pokrój w plasterki, dodaj do bulionu z wodorostami i gotuj na wolnym ogniu przez około 2 minuty. Wymieszaj pastę miso z 5 łyżkami wody do uzyskania gładkiej konsystencji, dodaj do bulionu i gotuj przez kolejne 5 minut. Następnie dodaj tofu, szczypiorek i ogórek do zupy i doprowadź do wrzenia.

4. Aby podać, umyj kolendrę i osusz ją. Rozłóż makaron soba i szpinak w miskach lub kubkach i zalej wrzącym bulionem. Rozrzuć na wierzchu uprażone nasiona sezamu i liście kolendry. Podawaj natychmiast.

75. Zupa japońska

- **składniki**
- Ewentualnie 2 łyżki suszonych wodorostów (wakame)
- 50 g grzybów shiitake lub ewentualnie pieczarek
- 1 marchewka (duża)
- 1 cebula (mała)
- 100 g pora
- 2,5 łyżeczki Dashi-no-moto (japońska zupa rybna w proszku, A Laden; lub instant bulion wołowy)
- 3 łyżki jasnego sosu sojowego (Usukuchi)
- 1 łyżeczka soli
- 2 jajka

przygotowanie

1. Glony namoczyć w zimnej wodzie przez co najmniej 2 godziny, ostrożnie wycisnąć i odciąć.

2. Pieczarki oderwać i pokroić w cienkie plasterki, marchewki obrać, pokroić w słupki.

3. Cebulę obrać i pokroić w półplasterki, pora oczyścić, pokroić na pół i najpierw na kawałki o długości 3 cm, a następnie w paski.

4. Wymieszaj proszek zupy rybnej w 1,1 litra wrzącej wody, dodaj sos sojowy i sól. Smaż warzywa w zupie przez około 2 minuty.

5. Wymieszaj jajka i powoli wlej je do zupy cienkim strumieniem (z wysokości ok. 40 cm). Odstaw na 1 minutę i podaj zupę na stół.

76. Japońska zupa grzybowa z makaronem

składniki

- 1200 ml zupy Dashi
- 1 łyżka mirinu lub sake
- 1 łyżka cukru surowego
- 1 kawałek imbiru (świeży, starty)
- Sos sojowy; w razie potrzeby

Intarsja:

- 350 g Bardzo drobnego chińskiego makaronu jajecznego, np. ramen
- 3 drobne cebulki dymki
- 1 ogórek z wolnego wybiegu (mały)

- 100 g grzybów enoki
- 100 g bardzo małych boczniaków
- 50 g szpinaku (liście)
- 150 gramów tofu; pokrojonego w paski lub kostki

przygotowanie

1. Spróbuj tego pysznego dania z makaronem:
2. Zagotuj zupę, dopraw cukrem, winem ryżowym, imbirem i sosem sojowym. Krótko ugotuj makaron w osolonej wodzie, aż będzie al dente, odcedź i równomiernie rozłóż w miskach do zupy.
3. Posiekaj cebulę dymkę, obierz ogórka, przekrój na pół, usuń środek i pokrój w wąskie paski. Rozłóż równomiernie w miskach do pieczenia z pieczarkami.
4. Zalać gorącą zupą. Podawać.

77. Japońska sałatka z makaronem

składniki

- 2 liście kapusty pekińskiej
- 5 cebulek dymki (zielone)
- 1 marchewka (blanszowana)
- 250 kg makaronu (według własnego wyboru)
- 3 plasterki szynki (gotowanej)
- 1/2 ogórka (obranego)

Sos:

- 3 łyżki sosu sojowego Tamari
- 2 łyżki cukru
- 5 łyżek zupy z kurczaka
- 1 łyżeczka wasabi (chrzanu w proszku)
- 1 łyżeczka oleju sezamowego

- 3 łyżki octu ryżowego

Omlet:

- 2 jajka
- 1 łyżka wody
- 1 łyżeczka mąki kukurydzianej

przygotowanie

1. Do japońskiej sałatki z makaronem rozpuść cukier w occie. Wymieszaj z pozostałymi składnikami sosu.
2. Wymieszaj 2 ubite jajka, łyżkę wody i 1 łyżeczkę kukurydzy w mieszance omletowej i usmaż na patelni z odrobiną oleju. Następnie pokrój w paski.
3. Pokrój wszystkie pozostałe składniki na małe kawałki. Odłóż marchewkę i liście kapusty pekińskiej na bok, wymieszaj resztę w misce sałatkowej.
4. Makaron gotujemy do miękkości, na koniec dodajemy kapustę i marchewkę.
5. Odcedź i krótko opłucz zimną wodą. Dodaj do miski sałatkowej i zamarynuj w sosie. Pozostaw japońską sałatkę z makaronem do namoczenia i podawaj.

78. zupa słodko-kwaśna

składniki

- 150 g piersi z kurczaka (lub alternatywnie 1 puszka tuńczyka)
- 1-2 l zupy z kurczaka
- 1/2 łyżeczki soli
- 2 łyżki sosu sojowego
- 1 łyżka octu
- 1. Ketchup
- 1 garść smardzów
- 1 garść grzybów shiitake
- 2 wózki
- 2 łyżki oleju arachidowego
- 3 łyżki skrobi

przygotowanie

1. Do przygotowania zupy należy przygotować bulion z kurczaka dzień wcześniej lub rozpuścić 2 kostki rosołu w gorącej wodzie.
2. Drobno pokrój kurczaka i wymieszaj z marynatą z sosu sojowego, soli, octu i ketchupu. Pozostaw do zaparzenia na co najmniej 30 minut.
3. Pokrój smardze i grzyby shitake i zetrzyj marchewki. Rozgrzej olej arachidowy w woku i podsmaż w nim kurczaka.
4. Odglazuruj ciepłą zupą z kurczaka i doprowadź do wrzenia. Dodaj marchewki, smardze i grzyby shitake i gotuj na wolnym ogniu.
5. Rozpuść skrobię w 5 łyżkach ciepłej wody i powoli wmieszaj do zupy. Ponownie doprowadź do wrzenia. Rozbij jajka w misce i dobrze rozbij.
6. Teraz szybko dodawaj mieszankę jajeczną do gorącej zupy za pomocą łyżki stołowej - wykonuj okrężne ruchy, aby jajko dobrze się rozprowadziło.
7. Doprawić do smaku solą, pieprzem i cukrem.

79. Japońska zupa warzywna

składniki

- 8 pieczarek (dużych)
- 125 g kiełków fasoli
- 250 g pędów bambusa
- 100g szpinaku
- 3 jajka
- 800 ml bulionu z kurczaka

przygotowanie

1. Przepis na fasolę dla każdego gustu:
2. Oczyść, opłucz i osusz grzyby. Pokrój na małe plasterki.

3. Kiełki fasoli i pędy bambusa wsypać do sita i dobrze odsączyć.
4. Pędy bambusa pokrój w wąskie paski.
5. Wybierz szpinak, opłucz go i również pokrój w paski.
6. Rozłóż warzywa równomiernie w 4 żaroodpornych naczyniach do zapiekania.
7. Zupę wymieszać z jajkami i polać nią warzywa.
8. Zamknij kubki folią aluminiową, umieść je na tacce ociekowej piekarnika i zalej wrzącą wodą.
9. Umieścić w nagrzanym piecu (E: 175°C) i gotować około pół godziny.
10. Wyjmij i podaj na miejscu.
11. Jeśli nie lubisz pędów bambusa, możesz użyć również pasków kapusty pekińskiej.

80. Japońska zupa z wodorostami

składniki

- 1000 ml zupy warzywnej
- 80 ml sosu sojowego
- 1 kombi; plamy 10x10 cm (suszone algi brunatne)
- 20 g płatków bonito
- 10 grzybów shiitake (świeżych)
- 20 g grzybów Mu-Err
- 150 g tempehu
- 30 g wodorostów wakame

przygotowanie

1. W przypadku podstawowego bulionu, krótko zeskrob mieszankę mokrą miską i podgrzej ją do wrzenia w zimnym naczyniu do zupy warzywnej i z płatkami bonito. Zdejmij klarowną zupę z ognia i przecedź ją przez drobne sito. Nie używaj dalej kombu i bonito.
2. Ten podstawowy materiał jest również dostępny jako gotowy produkt. Wtedy nazywa się go Dashi-no-Moto i miesza się go tylko z wodą.
3. Namocz grzyby mu-err w zimnej wodzie i pokrój grzyby shii-take i tempeh. Podgrzej grzyby Shii Take, grzyby Mu Err, tempeh i wakame w czystej zupie i podaj je gorące na stół.

PRZEPISY MIĘSNE

81. Bułki z wołowiną i cebulą

składniki

- 4 plastry polędwicy wołowej (cienkiej jak opłatek, lub pieczonej wołowiny lub polędwicy wołowej)
- 4 cebulki dymki
- 1 łyżeczka cukru
- 2 łyżeczki sosu sojowego
- Imbir (świeżo posiekany)

- 1 łyżeczka sherry
- Olej (do smażenia)

przygotowanie

1. W przypadku roladek z wołowiną i cebulą najpierw pokrój cebulę dymkę wzdłuż na paski. Na wierzchu połóż mięso, przykryj paskami cebulki dymki i ciasno zwiń.
2. Do przygotowania marynaty wymieszaj sos sojowy, cukier, odrobinę imbiru i sherry.
3. Włóż roladki i marynuj przez około 30 minut.
4. Następnie wyjmij i smaż roladki z wołowiną i cebulą na grillu lub patelni (z odrobiną gorącego oleju) przez około 3 minuty, aż uzyskają złoty kolor z obu stron.

82. Glazurowany kurczak z sezamem

składnik

- 1 kg pałek z kurczaka
- 50g imbiru
- 1 ząbek czosnku
- 100 ml Mirin (słodkie wino ryżowe; alternatywnie sherry)
- 100 ml sosu sojowego (japońskiego)
- 2 łyżki cukru
- sól
- 2 łyżki oleju sezamowego

przygotowanie

1. W przypadku kurczaka z sezamem należy umyć udka z kurczaka, a jeśli kupiłeś całe udka z kurczaka, przekroić je na pół.
2. Zdejmij skórkę z imbiru i zetrzyj go. Obierz i rozgnieć czosnek. Wymieszaj 1 1/2 łyżeczki imbiru i czosnku z cukrem, sosem sojowym, mirinem, szczyptą soli i kilkoma kroplami oleju sezamowego. Włóż mięso do marynaty tak, aby było dobrze pokryte ze wszystkich stron. Przykryj i odstaw do lodówki na co najmniej 3 godziny, najlepiej na jedną noc.
3. Wyjmij mięso z marynaty i pozwól mu dobrze odsączyć. Smaż na brązowo z obu stron w gorącym oleju. Zlej olej i zalej marynatą mięso. Gotuj na wolnym ogniu na zamkniętej patelni w niskiej temperaturze przez 20 minut.
4. Smaż mięso na otwartej patelni przez kolejne 5 minut, aż sos stanie się syropowaty. Kurczaka z sezamem najlepiej podawać z miską ryżu.

83. Japońska pieczona wieprzowina

składniki

- 600 g wieprzowiny (łopatka lub podudzie)
- sól
- Nasiona kminku
- 50g tłuszczu
- 10 gramów mąki
- 1 cebula (pokrojona w plasterki)
- 50 g selera (pokrojonego w plasterki)
- 1 łyżka musztardy
- woda

przygotowanie

1. W przypadku japońskiej pieczeni wieprzowej podsmaż cebulę i seler na gorącym tłuszczu.

Natrzyj mięso kminkiem i solą, połóż na warzywach i podsmaż oba.

2. Po 1/2 godziny zalej wodą. Chwilę później dodaj musztardę. Na koniec oprósz sokiem, doprowadź do wrzenia i przecedź. Podawaj japońską pieczoną wieprzowinę.

84. Roladki wołowe z młodymi marchewkami

składniki

- 500 g wołowiny (pokrojonej w bardzo cienkie plasterki)
- 24 młode marchewki (lub 1 1/2 marchewki)
- sól
- Skrobia kukurydziana
- 1 łyżka mirinu
- 1 łyżka sosu sojowego przygotowanie
- pieprz

przygotowanie

1. Do roladek wołowych wymieszaj mirin i sos sojowy w misce. Pokrój marchewki na

ćwiartki i włóż do pojemnika do mikrofalówki z wodą.
2. Gotuj w mikrofalówce przez 3-4 minuty. Posól i popieprz wołowinę i zwiń 2 pokrojone na ćwiartki marchewki w 1 plasterek. Obtocz gotowe bułki w mące kukurydzianej.
3. Rozgrzej olej na patelni i usmaż na nim roladki. Zalej sosem i pozwól mu zgęstnieć. Roladki wołowe podawaj z ryżem lub sałatką.

85. Azjatycki makaron z wołowiną

składniki

- 200 g makaronu udon
- 300g wołowiny
- 1 por (y)
- 1 łyżka sosu sojowego
- 1 limonka
- 1 łyżeczka chili (zmielonego)
- 3 łyżki oleju sezamowego (do smażenia)
- 50 g kiełków fasoli

przygotowanie

1. W przypadku makaronu azjatyckiego z wołowiną ugotuj makaron zgodnie z instrukcją na opakowaniu.
2. Drobno posiekaj pora i pokrój wołowinę w kostkę. Rozgrzej olej i podsmaż na nim pora i wołowinę.
3. Dodaj kiełki fasoli, sok z limonki, płatki chilli oraz sos sojowy i smaż przez kolejne 2 minuty.
4. Łączymy azjatyckie kluski z wołowiną i podajemy.

86. Warzywa z woka z mięsem

składniki

- 400g wieprzowiny
- 580 g smażonych warzyw (igloo)
- 6 łyżek oleju rzepakowego
- majeranek
- tymianek
- sól
- pieprz

przygotowanie

1. Do smażonych warzyw z mięsem najpierw pokrój wieprzowinę w kostkę i namocz ją w mieszance oleju rzepakowego, soli, pieprzu,

majeranku i tymianku. Pozostaw do zaparzenia na co najmniej 3 godziny, najlepiej na całą noc.
2. Włóż wieprzowinę do woka bez dodatkowego oleju i smaż, aż będzie gorąca. Dodaj warzywa z woka i poczekaj, aż woda wyparuje.
3. Następnie wszystko razem smaż. Smażone warzywa z mięsem są również smaczne z solą i pieprzem i podawane.

87. Japońska wieprzowina BBQ

składniki

- 400 g boczku wieprzowego (pokrojonego w cienkie plasterki)
- 1/4 cebuli
- 1 kawałek imbiru (mały)
- 1 szczypiorek
- 2 ząbki czosnku (przeciśnięte przez praskę)
- 2 papryczki chili (suszone)
- 2 łyżki sake
- 2 łyżki sosu sojowego
- 1 1/2 łyżki miodu
- 1/2 ketchup
- 1 łyżka nasion sezamu (prażonych)

- pieprz

przygotowanie

1. Aby przygotować japońską wieprzowinę BBQ, zetrzyj cebulę i imbir w misce.
2. Pokrój cebulę dymkę i wymieszaj wszystkie składniki w marynacie. Namocz boczek w marynacie na 1 godzinę. Grilluj boczek z obu stron, aż będzie chrupiący.
3. Podaj japońską wieprzowinę z grilla.

88. Żeberka japońskie

składniki

- 1 kg żeberek
- 1 szklanka (szklanki) sosu sojowego
- 1 szklanka (i) mirinu
- 1/2 szklanki (szklanek) cukru
- 1/4 szklanki (s) koreańskiej pasty z ostrej papryki (Sun Kochuchang)
- 6 ząbków czosnku (przeciśniętych przez praskę)
- 2 łyżki oleju sezamowego
- 1 łyżka nasion sezamu
- 1 szczypiorek

przygotowanie

1. W przypadku japońskich żeberek wymieszaj wszystkie składniki w misce. Pozostaw żeberka w marynacie na noc.
2. Soczyście grillowane na grillu.

89. Makaron soba z kurczakiem

składniki

- 250 g makaronu soba (makaron japoński)
- 1 łyżeczka soku imbirowego (świeżego)
- 200 g piersi z kurczaka
- 140 g szczypiorku
- 2 łyżki oleju arachidowego
- 400 ml Ichiban Dashi (podstawowa zupa)
- 140 ml sosu sojowego (piekielnego)
- 1 łyżka mirinu
- 2 łyżki wodorostów nori
- 2 łyżki Katsuo-Bushi (suszone płatki bonito)
- 1 łyżka sezamu (prażonego)

przygotowanie

1. W przypadku makaronu soba z kurczakiem najpierw ugotuj makaron w osolonej wodzie, aż będzie al dente, a następnie odcedź i opłucz gorącą wodą. Odcedź. Użyj go tak szybko, jak to możliwe, w przeciwnym razie napęcznieje i straci swoją wytrzymałość.
2. Pokrój kurczaka w paski grubości palca i skrop sokiem imbirowym. Wrzuć drobno posiekaną cebulę do gorącego oleju. Nadmuchaj dashi mirinem i sosem sojowym. Wymieszaj z odsączonym makaronem.
3. Rozłóż makaron równomiernie w miskach, przykryj mieszanką mięsa i cebuli, posyp drobno posiekanymi wodorostami, wiórkami bonito i sezamem. Przynieś makaron soba z kurczakiem na stół.

90. Makaron z wołowiną i warzywami

składniki

- 10 g grzybów Mu-Err
- sól
- 250 gramów wołowiny lub wieprzowiny, Ge
- 300 g mieszanych warzyw (np. pory, marchewki)
- 100 g sadzonek soi
- 2 łyżki oleju arachidowego
- 1 łyżka imbiru (bardzo drobno posiekanego)
- 2 ząbki czosnku
- 400 g makaronu chińskiego
- sól
- 250 ml zupy z kurczaka
- 1 łyżeczka skrobi kukurydzianej

- 2 łyżki sake (lub wytrawnego sherry)
- 2 łyżki sosu sojowego
- 1 szczypta Sambal Ölek

przygotowanie

1. Dania z makaronem są zawsze pyszne!
2. Namocz grzyby w wodzie. Przygotuj makaron w lekko osolonej wodzie. Pokrój mięso na drobne, małe plasterki. Oczyść warzywa i pokrój w paski, jeśli to możliwe. Zblanszuj (sparz) kiełki fasoli w durszlaku z wrzącą wodą.
3. Rozgrzej 1 łyżkę oleju w dużej patelni lub woku. Wlej mięso i smaż szybko, stale obracając. Wyjmij i odstaw.
4. Wlej resztę oleju na patelnię. Krótko podsmaż warzywa, odsączone siewki soi, grzyby, korzeń imbiru i wyciśnięty czosnek z 2 szczyptami soli, mieszając. Wyjmij z piekarnika i dodaj do mięsa.
5. Wymieszaj wszystkie składniki sosu, dodaj do patelni lub ewentualnie do woka i mieszaj, mieszając. Dopraw w razie potrzeby. Wymieszaj warzywa i obsmażone mięso z ostrym sosem. Nie rób tego więcej.

6. Mięso, warzywa i sos wyłóż na odsączony makaron.

DRÓB

91. Yaki Udon z piersią kurczaka

składniki

- 200 g yaki udon (gruby makaron pszenny)
- 300 g mieszanych warzyw smażonych na patelni
- 200 g filetu z piersi kurczaka
- 1 łyżeczka oleju sezamowego
- 4 łyżki oleju słonecznikowego
- 1/2 łyżeczki czosnku chili (czosnek zmieszany z posiekaną papryczką chili)

- 1 kawałek (2 cm) świeżego imbiru
- 2 łyżki sosu sojowego
- 1 łyżka cukru
- 1 łyżeczka nasion sezamu do dekoracji

przygotowanie

1. Do yaki udon zagotuj dużo wody i gotuj w niej makaron przez około 5 minut. Odcedź, opłucz zimną wodą i odcedź.
2. Pokrój filet z kurczaka i oczyszczone warzywa w paski szerokości palca, posiekaj imbir.
3. Rozgrzej wok lub ciężką patelnię, wlej olej sezamowy i słonecznikowy i podgrzej. Podsmaż w nim paski warzyw i mięsa. Dodaj czosnek, chili, cukier, sos sojowy i imbir i smaż przez 3 minuty. Dodaj makaron i również krótko smaż.
4. Ułóż yaki udon w miseczkach i przed podaniem posyp ziarnami sezamu.

92. Patelnia z kurczakiem i ryżem chili

składniki

- 8 golonek z kurczaka (małych)
- 1 opakowanie Knorr Basis Crispy Chicken Legs
- 1 kostka klarownej zupy Knorr
- 200 g Basmati Journey
- 4 pomidory (małe)
- 2 łyżki papryki w proszku
- 2 łyżki koncentratu pomidorowego
- 1 szt. Papryka (czerwona)
- Chili (do przyprawienia)

- Pietruszka (świeża)

przygotowanie

1. Aby przygotować ryż z kurczakiem i chilli, przygotuj golonki z kurczaka na bazie KNORR według instrukcji na opakowaniu.
2. W międzyczasie upiecz ryż w rondlu bez dodawania tłuszczu. Odtłuść trzykrotnie większą ilością wody i doprowadź do wrzenia z papryką w proszku, koncentratem pomidorowym i kostką zupy. Gotuj ryż z kurczakiem i chilli na patelni, aż ryż będzie miękki.
3. W międzyczasie pokrój paprykę i pomidory na duże kawałki i dodaj do kurczaka. Wymieszaj ugotowany ryż z golonkami i podawaj z pietruszką.

93. Kurczak w pikantnej panierce maślankowej

składniki

- 500 g kurczaka (podudzia lub skrzydełka)
- 150 ml maślanki
- 4 ząbki czosnku (przeciśnięte przez praskę)
- 1 papryczka chili (drobno posiekana)
- 1 łyżka soku z cytryny
- sól
- pieprz
- 3 łyżki mąki (czubate)

przygotowanie

1. Aby przygotować kurczaka w pikantnej panierce z maślanki, dokładnie wymieszaj składniki marynaty i mocz w niej kawałki kurczaka przez około 1 godzinę. Dobrze wymieszaj mąkę i kurczaka w szczelnym woreczku.
2. Piecz w dużej ilości gorącego oleju słonecznikowego w temperaturze 170°C przez około 8 minut. Gdy będą złocistożółte, wyjmij je z tłuszczu i pozwól im krótko odsączyć się na papierze kuchennym.
3. Przed podaniem polej gotowego kurczaka w pikantnej panierce maślankowej świeżym sokiem z cytryny.

94. Udka z kurczaka z pomidorami

składniki

- 4 udka kurczaka
- 50 g wędzonego boczku (do żucia)
- sól
- pieprz
- 100 g Thea
- 1 cebula (posiekana)
- 100 g Zellera (startego)
- 3 sztuki pomidorów
- 1 łyżka mąki (gładkiej)
- 1/2 pęczka pietruszki (posiekanej)

przygotowanie

1. Aby przygotować udka z kurczaka z pomidorami, posmaruj je boczkiem, dopraw solą i pieprzem i smaż na rozgrzanej patelni THEA.
2. Dodaj cebulę i piwnicę i krótko podsmaż. Ugotuj pomidory na parze w odrobinie osolonej wody, odcedź i dodaj do ud kurczaka. Duś na niskiej temperaturze przez 35 minut, aż mięso będzie miękkie.
3. Oprósz sok mąką, zagotuj ponownie i podawaj udka z kurczaka z pomidorami posypanymi natką pietruszki.

95. Filet z kurczaka w aromatycznym sosie

składniki

- 200 g tofu (twardego: małe kostki)
- Olej (do smażenia)
- 15 g grzybów shitake (suszonych)
- 200 ml bulionu warzywnego
- 6 łyżek pomidorów (przecier)
- 4 łyżki średnio wytrawnego sherry
- 3 łyżki sosu sojowego
- 1 łyżeczka imbiru (świeżego, posiekanego)
- 1 łyżeczka miodu
- Proszek chili
- 2 łyżki oleju
- 1 ząbek (y) czosnku (drobno posiekany)

- 200 g piersi z kurczaka (cienkie paski)
- sól
- 1 łyżeczka mąki kukurydzianej
- 3 łyżki stołowe. Woda (zimna)
- 1 marchewka (cienkie ołówki)
- 80 g kiełków fasoli
- 2 cebulki dymki (drobne krążki)

przygotowanie

1. Osusz tofu i smaż na oleju do uzyskania złotego koloru. Aby pozbyć się nadmiaru tłuszczu, włóż kostki tofu na chwilę do gorącej wody, odcedź i odsącz. Wypłucz suszone grzyby, zalej je wrzątkiem i odstaw do napęcznienia na 1 godzinę. Odcedź, odsącz i pokrój grzyby w cienkie plasterki. Do aromatycznego sosu wymieszaj bulion warzywny, sos pomidorowy, średnie sherry, sos sojowy, imbir, miód i szczyptę chili. Rozgrzej 1 łyżkę oleju w woku lub na patelni nieprzywierającej. Podsmaż w nim czosnek i kurczaka przez chwilę, mieszając i lekko posól. Wymieszaj z grzybami. Wymieszaj z aromatycznym sosem i kostkami tofu. Gotuj wszystko pod przykryciem przez 10 minut. Wymieszaj mąkę kukurydzianą z 3 łyżkami

zimnej wody do uzyskania gładkiej konsystencji, wymieszaj i gotuj na wolnym ogniu przez chwilę, aż sos zgęstnieje. Pod koniec gotowania rozgrzej 1 łyżkę oleju na powlekanej patelni lub w woku. Podsmaż w nim marchewki przez chwilę, mieszając, lekko posól. Wymieszaj kiełki i cebulę dymkę i krótko smaż, mieszając. Wymieszaj marchewki, kiełki i cebulę dymkę z tofu i kurczakiem w aromatycznym sosie.

96. Makaron soba z kurczakiem

składniki

- 250 g makaronu soba (makaron japoński)
- 1 łyżeczka soku imbirowego (świeżego)
- 200 g piersi z kurczaka
- 140 g szczypiorku
- 2 łyżki oleju arachidowego
- 400 ml Ichiban Dashi (podstawowa zupa)
- 140 ml sosu sojowego (piekło)
- 1 łyżka mirinu
- 2 łyżki wodorostów nori
- 2 łyżki Katsuo-Bushi (suszone płatki bonito)
- 1 łyżka sezamu (prażonego)

przygotowanie

1. W przypadku makaronu soba z kurczakiem najpierw ugotuj makaron w osolonej wodzie, aż będzie al dente, a następnie odcedź i opłucz gorącą wodą. Odcedź. Użyj go tak szybko, jak to możliwe, w przeciwnym razie napęcznieje i straci swoją wytrzymałość.
2. Pokrój kurczaka w paski grubości palca i skrop sokiem imbirowym. Wrzuć drobno posiekaną cebulę do gorącego oleju. Nadmuchaj dashi mirinem i sosem sojowym. Wymieszaj z odsączonym makaronem.
3. Rozłóż makaron równomiernie w miskach, przykryj mieszanką mięsa i cebuli, posyp drobno posiekanymi wodorostami, wiórkami bonito i sezamem. Przynieś makaron soba z kurczakiem na stół.

97. Makaron soba

składniki

- 250 g makaronu soba (japoński makaron gryczany)
- 140 g szczypiorku
- 400 ml Ichiban Dashi (zupa, japońska)
- 1 łyżeczka soku imbirowego (świeżego)
- 200 g kurczaka (pierś)
- 2 łyżki Katsuo-Bushi (suszone płatki bonito)
- 1 łyżka sezamu (prażonego)
- 2 łyżki oleju arachidowego
- 1 łyżka mirinu
- 2 łyżki wodorostów nori
- 140 ml sosu sojowego (piekielnego)

przygotowanie

1. W przypadku makaronu soba ugotuj makaron w osolonej wodzie, aż będzie al dente, odcedź i opłucz gorącą wodą. Odcedź.
2. Pokrój kurczaka w paski grubości palca i skrop sokiem imbirowym. Podsmaż drobno posiekaną cebulę i kurczaka na gorącym oleju.
3. Doprowadź dashi z sosem sojowym i mirin do wrzenia. Dodaj odcedzony spaghetti.
4. Podawaj makaron soba posypany kurczakiem, drobno posiekanymi wodorostami, sezamem i wiórkami bonito.

98. Smażona pierś z kaczki

składniki

- 2 filety z piersi kaczki
- 3 szalotki (można więcej)
- 1 korzeń imbiru, około 5 centymetrów
- 1 pomarańcza (nieleczona)
- 1 szczypiorek
- 1 czerwona papryczka chilli, łagodna
- 2 łyżki oleju sezamowego
- 2 łyżki oleju roślinnego
- 1 szczypta cynamonu
- 75 ml zupy z kurczaka
- 1 łyżka miodu

- 2 łyżki sake (japońskiego wina ryżowego) (może być więcej)
- 2 łyżki sosu sojowego
- Pieprz (świeżo mielony)

przygotowanie

1. Filety z piersi kaczki opłucz, osusz i pokrój ukośnie na plastry o grubości 1 cm.
2. Obierz szalotki i pokrój je w drobną kostkę. Obierz i zetrzyj imbir.
3. Dokładnie opłucz pomarańczę, obierz ją ze skórki lub obierz ze skórki i wyciśnij sok. Pokrój białą i jasnozieloną część cebuli dymki w bardzo wąskie krążki. Przekrój papryczkę chili na pół, usuń gniazda nasienne i pokrój w cienkie paski.
4. Rozgrzej patelnię lub, jeśli to konieczne, wok, dodaj oleje i mocno rozgrzej. Smaż kawałki kaczki przez trzy do czterech minut, mieszając. Dodaj szalotki i imbir i piecz przez kolejne dwie minuty.
5. Wlać sok pomarańczowy, cynamon, skórkę pomarańczową, sake, zupę z kurczaka, miód, sos sojowy i chili i gotować w wysokiej temperaturze, cały czas mieszając. Doprawić sosem sojowym i świeżo zmielonym pieprzem.

6. Nałóż ryż długoziarnisty na talerz i podaj na stół pierś kaczki posypaną krążkami cebulki dymki.
7. Dobrze komponuje się z ryżem basmati.

99. Sałatka z piersią kurczaka i zielonymi szparagami

składniki

- 2 piersi z kurczaka
- 3 łyżki sosu sojowego
- 3 łyżki sake (wino ryżowe) lub sherry
- 250 ml zupy z kurczaka
- 200 g szparagów
- sól
- 2 jajka
- 1 łyżka oleju sezamowego
- 3 łyżki oleju arachidowego
- Liście sałaty
- 1 łyżeczka jasnego miso (pasty z fasoli)

- 0,5 łyżeczki wasabi (pikantnego chrzanu w proszku)
- 1 łyżeczka octu ryżowego
- cukier

przygotowanie

1. Natrzyj mięso łyżką sosu sojowego i sake, marynuj przez pół godziny.
2. Wlać do rondla z wrzącą, klarowną zupą i delikatnie gotować przez pięć do ośmiu minut w niskiej temperaturze. Ostudzić w sosie.
3. Obrane szparagi pokroić pod kątem na kawałki o długości pięciu centymetrów. Gotować w osolonej wodzie przez około pięć minut, aż będą chrupiące, gotować tylko końcówki przez dwie minuty.
4. Wymieszaj jajka z łyżką sosu sojowego, sake i olejem sezamowym. Na patelni posmarowanej olejem arachidowym upiecz prawie przezroczyste omlety w niskiej temperaturze. Ułóż je naprzemiennie z liśćmi sałaty i zwiń, pokrój po skosie na cienkie paski.
5. Wymieszaj dwie łyżki oleju arachidowego, jedną łyżkę sosu sojowego, jedną łyżkę proszku wasabi, miso, sake i kilka kropli

czystej zupy w kremowym sosie winegret. Dopraw octem i cukrem.
6. Kurczaka pokroić w małe plasterki, wymieszać ze szparagami i paskami omletu, podawać z winegretem i podawać.

100. Yakitori

składniki

- 8 łyżek sosu sojowego, japońskiego
- 8 łyżek mirinu
- 2 plasterki imbiru, startego
- Szpikulce kowadełkowe
- 400g kurczaka

przygotowanie

1. 2 plasterki imbiru, startego, przeciśniętego przez praskę
2. Kurczaka płucze się, suszy i kroi w małe kostki (ok. 2 cm długości krawędzi). Z sosu sojowego, mirinu (słodkiego wina ryżowego) i

soku imbirowego robi się marynatę, w której mięso odpoczywa przez około pół godziny.

WNIOSEK

Japońskie przepisy oferują wspaniałą różnorodność dań wegetariańskich i mięsnych. Zdecydowanie warto spróbować tej wykwintnej kuchni przynajmniej raz w życiu.